国际商务专业硕士系列教材

国际金融
理论与案例

International Finance
Theory and Cases

孙俊新◎主编

中国金融出版社

责任编辑：张翠华
责任校对：李俊英
责任印制：丁淮宾

图书在版编目(CIP)数据

国际金融理论与案例 / 孙俊新主编. —北京: 中国金融出版社，2019.8

ISBN 978-7-5220-0174-6

Ⅰ.①国… Ⅱ.①孙… Ⅲ.①国际金融—研究生—教材 Ⅳ.①F831

中国版本图书馆CIP数据核字 (2019) 第138425号

国际金融理论与案例

Guoji Jinrong Lilun yu Anli

出版
发行 **中国金融出版社**

社址　北京市丰台区益泽路2号

市场开发部　(010) 63266347，63805472，63439533 (传真)

网 上 书 店　http://www.chinafph.com

　　　　　　(010) 63286832，63365686 (传真)

读者服务部　(010) 66070833，62568380

邮编　100071

经销　新华书店

印刷　保利达印务有限公司

尺寸　169毫米×239毫米

印张　13.75

字数　200千

版次　2019年8月第1版

印次　2019年8月第1次印刷

定价　35.00元

ISBN　978-7-5220-0174-6

如出现印装错误本社负责调换　联系电话 (010) 63263947

丛书序言

即便逆全球化掀起阵阵波澜，也不能阻挡和改变世界经济大潮向全球化不断进发的态势。这是不以哪一个国家或地区的意志或一厢情愿为转移的。因而，如何顺应时代潮流，在彼此相互依赖的世界中构建人类命运共同体，共同应对纷繁复杂的国际政治、经济等方面林林总总的问题，应该成为世界各国的明智选择。在这一过程中，拥抱的是繁荣的愿景，摒弃的是无益的对抗。然而，如何推动并创造良好的国际商务发展环境，造就更多能够为全球经济繁荣贡献智慧和力量的大批国际商务人才，已经成为摆在包括中国在内的致力于推动全球化发展和本国社会经济繁荣的世界各国面前的重要任务。

那么，近年来国际商务环境以及社会对国际商务人才的需求究竟发生了怎样的变化呢？毫无疑问，经济全球化的深入发展，国际政治经济新秩序的构建，国际协定和相关政策的变革，科技浪潮的风起云涌，新业态、新模式的推陈出新，国际贸易投资规模的增长以及结构的变化，跨国公司的创新发展等，使当下国际商务处于前所未有的机遇、挑战和变革相互交织的特殊时期。这一时期，更需要世界各国加大对改善和优化国际商务环境努力的呵护，同时创新培养模式，推动国际商务人才更好地适应变革中的国际商务环境和时代要求。

在发展和创新中的中国，事实确实如此。培养大批高素质国际商务专业硕士人才已经成为众多高校人才培养的生动实践。它们走在人才培养理念和模式创新的道路上，进行了丰富而富有成效的工作，由此推动国内国际商务专业硕士人才培养规模不断扩大、学位点授予单位数量持续增加，培养质量不断提升，培养特色日益彰显，为国家社会经济的发展、国际商务工作的推进做出了应有的贡献。

作为国际商务专业硕士人才培养大军中的一员，北京第二外国语学院国际商务专业硕士学位授权点自批复之日起，就紧紧依托学校办学特色资源和优势，在保证培养质量，走差异化、特色化发展道路上不懈努力，取得了一定成绩。为了更好地提升办学水平，夯实培养基础，推动国际商务专业硕士培养相关课程的建设，依据培养方案，特别策划了本丛书，为国际商务专业硕士培养的案例教学开展创造更好的条件。

本丛书第一批涉及三门课程，是相关任课教师辛劳付出的结晶。同时也特别感谢中国金融出版社编辑的精心策划和帮助，使本丛书得以及时与各位读者见面。本丛书不当之处在所难免，希望各位读者能够不吝批评，以便日臻完善。

前 言

　　国际金融学在经济学基础知识的基础上重点考察国际上的货币金融关系，是一门理论性和实践性都很强的课程，不仅具有充实、严谨的知识框架，可用于分析和解释现实，而且也只有通过紧密联系实际才能更好地理解课本知识。在全球化的今天，中国对外开放不断站上新高度，这也为国际金融的课堂教学提供了丰富的案例素材，不仅可以通过一件件国际金融大事提高学生的学习兴趣，而且也提供了应用课堂所学的现实环境。

　　我自2011年开始在北京第二外国语学院讲授本科和硕士研究生的《国际金融》，多年的教学经历使我迫切感受到要编写这样一本书，它既可以简洁地概括主要知识点，也可以提供必要的案例，以便学生可以跳出非常细节的知识来把握《国际金融》这门课程的全貌，并尝试将所学课本知识用于分析现实问题。特别是承担教授国际商务专业硕士研究生的国际金融理论和实务课程以来，为满足国际商务专业对案例的要求，编写本书的迫切性愈发凸显。正是抱着这样的想法，本书在每一章都分为学习目标、知识点串讲、案例再现、案例解析、案例启示五部分，凝练知识点，凸显知识框架，并在案例中见证知识的力量。

　　我自学生时代初次接触《国际金融》课程以来，拜读了多位前辈、同辈与国际金融相关的教材、专著、论文、案例集和习题集，这些内容都帮助我形成今日对国际金融的理解和认识，也希望借本书向见过和未见过的前辈、同辈致敬。本书的编写得到了曲楠、杨思彤、王碧琪、姚蕴琪、刘宇辰同学的帮助，具体分工如下：

曲楠：第一章和第二章第一、第二节；

王碧琪：第二章第三节、第五章、第六章，第八章第一节；

杨思彤：第三、第四章；

姚蕴琪：第七章；

刘宇辰：第八章第二节，第九章。

本书的出版得到了北京第二外国语学院的资助，并得到了中国金融出版社的大力支持和帮助，在此一并表示最真诚的感谢。由于编写水平有限，疏漏和不当之处在所难免，恳请各位读者批评指正。

编者

2018年12月于北京

目 录

第一章

开放经济下的国民收入账户与国际收支账户

本章学习目标

1．了解对开放经济进行衡量的基本工具。

2．熟悉国民收入账户的定义、核算及经常账户余额的宏观经济分析。

3．熟悉国际收支账户的定义、基本原理和宏观经济分析。

第一节　开放经济下的国民收入账户

■ **知识点串讲**

一、开放经济下的国民收入

（一）定义

国民收入是反映一国在一定时期内（通常为一年）所生产的全部最终产品和服务的市场价值总和。这一定义包括五个要点：

第一，国民收入具有国别属性。在计算一国的国民收入时，依据采用的是一国领土的标准还是一国国民的标准，国民收入分为国内生产总值（GDP）和国民生产总值（GNP）两个指标。其中，GDP是指一个国家或地区在一定时期内（通常为一年）所生产的全部最终产品和服务的市场价值总和；GNP是指一个国家的国民在一定时期内（通常为一年）所生产的全部最终产品和服务的市场价值总和。

GDP与GNP的区别在于，GDP是以一国的领土为标准，GNP是以一国国民为标准。举例来说，美国国民在中国生产出来的汽车的市场价值算作中国的GDP，也算作美国的GNP。故通过文字叙述，GDP与GNP的关系是：GNP可以通过GDP去掉外国国民在本国取得的收入加上本国国

民在外国取得的收入来得到，也就是说，GNP可以通过GDP加上本国从外国取得的净要素收入得到。即

$$GNP=GDP+NFP$$

其中，NFP是净要素收入，指从外国取得的净要素收入。

第二，国民收入是一个流量概念，即GDP是一个流量概念，GNP也是一个流量概念。这是因为国民收入是反映一段时期累计值的指标，因此为流量指标。

第三，国民收入反映的是生产的概念，测算的是特定时间生产而非销售的最终产品的价值。

第四，国民收入测度的是最终产品的价值，不是中间产品，否则会造成重复计算。

第五，国民收入是以市场价格来衡量产品和劳务的价值的，需要发生市场交易才可以计入国民收入。如果某项经济活动没有市场价值也就不计入国民收入。典型的如人们所做的家务，因为没有买卖行为，没有市场价值，也就不计入国民收入账户。

（二）核算方法

开放经济是指商品及资本、劳动力等生产要素跨越国界流动的经济。通过商品与要素的国际流动，一国与国际市场紧紧相连，一国经济与他国经济之间存在着深刻的相互依存性。开放经济下常见的国民收入核算方法有收入法和支出法两种。

从收入来源的角度，国民收入（Y）可以分解为私人消费（C）、私人储蓄（S_p）、政府税收（T），从而收入法用公式表示，即

$$Y = C + S_p + T$$

从产品的最终支出的角度来看，国民收入（Y）可以分为私人消费（C）、私人投资（I）、政府支出（G）和净出口（$X-M$），从而支出法用公式表示，即

$$Y = C + I + G + X - M$$

收入法和支出法核算国民收入的数值相等。

二、经常账户的宏观经济学分析

（一）贸易账户余额与经常账户余额

贸易账户余额（TB）是指一国商品和服务的出口额（X）与进口额（M）之差，即净出口额，用公式表示为$TB = X - M$。贸易账户余额又可以称作净出口，或者我们经常所说的顺差。

经常账户余额（CA）的计算公式可以表示为$CA = TB + NFP$。当采用GNP计算国民收入时，需要用国内总支出（$C + I + G$）与贸易余额TB的和再加上从外国取得的净要素收入NFP得到。这样看来，国民收入可以分成两部分，一部分是国内部门，另一部分是因为经济开放而形成的国外部门。上述国外部门的经济活动的结果即经常账户余额。通常来讲，与CA、TB的数量级相比，NFP几乎可以近似为零，此时$CA \approx TB$，故CA可以近似相当于顺差。这也是为什么在现实中常常会认为$CA = X - M$，在不特别说明的情况下，本书采用类似理解，认同$CA \equiv TB = X - M$。

（二）经常账户余额与进出口贸易的关系

$$CA = X - M$$

上式表明，不考虑净要素收入NFP，经常账户余额就等于贸易账户余额。其经济学含义是，CA大于零代表贸易顺差，说明本国出口更有竞争力；反之，CA小于零代表贸易逆差，说明本国出口缺乏竞争力。

（三）经常账户余额与国内吸收的关系

$$CA = Y - A$$

推导过程如下：根据支出法测算国民收入，则有

$$Y = C + I + G + X - M$$

国内吸收（A）包含：

$$A = C + I + G$$

根据前文：

$$CA = X - M$$

故得到： $Y = A + CA$ ，从而

$$CA = Y - A$$

经济学含义：CA大于零，则Y大于A，说明本国生产大于本国消费，即仅就国内市场而言，供大于求，可以推测是本国生产能力较强或本国消费能力较弱带来的顺差；反之，CA小于零，则说明本国生产小于本国消费，可以推测是本国消费能力较强或本国生产能力较弱带来的顺差。

（四）经常账户余额与国际投资头寸的关系

$$CA = NIIP - NIIP_{-1}$$

推导如下：简单来看，本国出口商品是一种本国资本流出，伴随着本国在国外的资产增加。因为出口商品的收入会存入国外账户从而形成本国在国外的资产，因此出口就相当于一种资本流出。反过来，本国进口外国商品相当于资本流入，伴随着本国对外资产的减少或债务的增加。由此可见，商品与服务的对外贸易可以视为一种国际资本流动，可以衡量本国对外的资产与负债的相对值，而一国对外资产与负债相抵后所得的净值就是净国际投资头寸（Net International Investment Position，NIIP）。根据上文，经常贸易余额等于出口与进口的差值，故可以得到经常账户余额与国际投资头寸的上述关系。

经济学含义：CA大于零说明本年的净国际投资头寸NIIP大于上一年的净国际投资头寸$NIIP_{-1}$，说明本国本年形成了海外资产，即本国海外资产的增加或海外负债的减少。反之，CA小于零说明本年的净国际

投资头寸$NIIP$小于上一年的净国际投资头寸$NIIP_{-1}$，说明本国本年形成了海外负债，即本国海外负债的增加或海外资产的减少。

（五）经常账户余额与储蓄、投资的关系

$$CA = S - I$$

推导过程如下：根据收入法和支出法衡量国民收入的等式联立：

$$\begin{cases} Y = C + S_p + T \\ Y = C + I + G + X - M \end{cases}$$

可得

$$X - M = S_p + T - I - G$$

又因为储蓄S等于私人储蓄S_p与政府储蓄S_g的和，即

$$S = S_p + S_g$$

而政府储蓄S_g可看作政府收入，又等于政府税收T与政府购买G的差值，即

$$S_g = T - G$$

从而：

$$CA = X - M = S - I$$

经济学含义： CA大于零说明储蓄大于投资，由于储蓄形成了本国的资金供给，而投资形成了本国的资金需求，故说明资金是富余的，富余的资金便流向海外，可能以资金的形式，也可能以商品或服务的贸易出口的形式。这种资金的供给大于需求表明本国资金雄厚或本国的投资机会少；反之，CA小于零说明储蓄小于投资，说明国内资金的供给小于需求。

■ **案例再现**

藏在经常账户数字背后的故事①

以下案例为有关经常账户的数据，请根据所学知识挖掘数字背后的经济学含义。

按美元计值，2017年，我国经常账户顺差1 720亿美元，其中，货物贸易顺差4 761亿美元，服务贸易逆差2 612亿美元，初次收入逆差316亿美元，二次收入逆差114亿美元。资本和金融账户逆差91亿美元，其中，资本账户逆差1亿美元，非储备性质的金融账户顺差825亿美元，储备资产增加915亿美元。

■ **案例解析**

2017年，我国经常账户顺差，意味着CA>0，从进出口的角度看，说明中国产品的出口竞争力强；从国内生产消费情况看，说明中国的生产水平高或消费水平低；从净国际投资头寸的角度看，说明2017年中国形成了海外资产，即中国海外资产增加或海外负债减少；从储蓄与投资的角度看，说明中国资金实力雄厚或国内投资机会较少。

■ **案例启示**

这部分案例应用的知识点如下：

---

① 资料来源：国家外汇管理局. 国家外汇管理局公布 2017 年第四季度及全年我国国际收支平衡表初步数，2018-02-08.

第一，经常账户余额与进出口的关系，即 $CA = X - M$。结合案例，2017年中国经常账户顺差说明出口总额大于进口总额，从而说明中国产品对外的竞争力较强。

第二，经常账户余额与国内吸收的关系，即 $CA = Y - A$。结合案例，说明中国2017年国民收入大于国内吸收，而国民收入可以看作一国生产，国内吸收可以看作国内消费水平，从而说明中国2017年总体生产水平高或消费水平低。

第三，经常账户与净国际投资头寸的关系，即 $CA = NIIP - NIIP_{-1}$。结合案例，说明2017年净国际投资头寸大于2016年，说明中国的海外资产增加或负债减少。

第四，经常账户与储蓄投资的关系，即 $CA = S - I$。结合案例，说明储蓄大于投资，即资金供给大于需求，多余部分流向海外，说明中国资金雄厚，国内投资机会质量有待提升或投资机会少。

第二节　开放经济下的国际收支账户

■ 知识点串讲

一、国际收支的概念

国际收支（BOP）是一国居民与外国居民在一定时期内各项经济交易的货币价值的总和。这一定义包括以下要点：（1）国际收支是一个流量概念；（2）主体为一个经济体；（3）反映的内容是以货币为基础的交易；（4）记录的是一国居民与非居民之间的交易。

所谓交易包括如下形式：（1）交换。交换是指买卖，这种形式下会有非常明确的货币价值。（2）转移。转移是指一个交易者向另一个交易者提供的价值，但没有任何的补偿。例如，中国向其他国家提供的人道主义援助。转移是单方向的，转移本身并没有形成货币价值，但记录在国际收支账户时，需体现其货币价值。转移可以记录在经常账户下，如提供多少物资，也可以记录在资本与金融账户下，如债务减免。（3）移居。当甲从A国移居到B国，甲就从A国居民变成B国居民，那么甲在B国的资产就由曾经被视为A国的海外资产变为B国的本国资产，而放在A国的资产就变为B国的海外资产。（4）其他根据推论存在的交易。这主要是指本国对海外企业的利润再投资。例如，中国企业在海外的子公司获得的利润不会全部汇回中国，会有部分利润再次投资到子公司中，这部分资金往来并不会体现为跨国界的资金流动，但在国际收支账户的记录中需要反映出来。

二、国际收支的基本原理

（一）国际收支账户的构成及含义

国际收支的构成如表1-1所示。

表 1-1　国际收支的构成

经常账户	货物（FOB）
	服务
	收入
	经常转移
资本和金融账户	
资本账户	资本转移
	非生产、非金融资产的收买和放弃

续表

金融账户	直接投资	
	证券投资	
	其他投资	
	储备资产	
错误与遗漏账户		

国际收支的具体解读如下：

经常账户：指对实际资源在国际间的流动行为进行记录的账户。

资本与金融账户：指对资产所有权在国际间流动行为进行记录的账户，包括资本账户和金融账户两大部分。资本账户主要包括资本转移和非生产、非金融资产的收买或放弃。金融账户包括一国对外资产和负债所有权变更的所有权交易。

错误与遗漏账户：是人为设置的账户。该项目是作为平衡项目出现的。

货物：货物按照离岸价计价，是货物离开本国时的价值，不包括海上运输的保险等。

收入：分为两大类，一类是支付给非居民工人的报酬；另一类是对外投资的资本报酬（包括有关直接投资、证券投资、其他投资、储备资产的收入或支出），例如股票分红或债权利息。

直接投资：包括绿地投资、并购、利润再投资三种形式。

证券投资：主要对象是股本证券和债务证券。注意，投资时，购买行为属于证券投资，获得资本报酬行为属于收入。例如，对海外股票的购买行为属于证券投资，分红行为属于收入。

储备资产：包括货币当局可随时动用并控制在手的外部资产，属于政府行为。

（二）记账规则——复式记账法

以复式记账法作为记账规则。实际记录时可以采用下述两种方法判断借贷方向。

方法一：根据会计六大要素记账。简单来讲，根据会计六大要素，即资产、负债、所有者权益、收入、费用、利润的借贷方向来记账。资产类、费用类为借增贷减；负债类、所有者权益类为借减贷增；利润在贷方表示利润为正，借方表示利润为负。

方法二：按照资金流动的方向判断。其中，贷方表示资金流动的起点，借方表示资金流动的终点。这是因为借方表示该经济体资产（资源）持有量的增加，贷方表示减少。

三、国际收支账户的分析

各个科目的差额记录在国际收支平衡表中时是用贷方金额减去借方金额。不同的账户差额反映了不同的经济信息。

（一）贸易账户余额

定义：贸易账户余额（TB）是指包括货物与服务在内的进出口之间的差额。

经济学含义： 反映一国的产品核心竞争力、自我创汇能力，以及产品结构。

（二）经常账户余额（CA）

前文中已经详细介绍过经常账户余额的相关含义，在此不再赘述。

（三）资本与金融账户余额（KA）

由于国际收支账户采用复式记账法，在不考虑错误与遗漏账户时，存在经常账户余额与资本账户余额大小相等但方向相反的情况，用等式表达即

$$CA + KA = 0$$

经济学含义： 资本与金融账户余额反映了资本与金融账户为经常

账户赤字融资的多少。这种融资的能力取决于影响国内和国外各种资产的投资收益率与风险的各种因素。但需要注意：（1）资本与金融账户为经常账户提供融资不是没有制约的。（2）资本与金融账户存在着独立的运动规律，不仅仅被动地根据经常账户余额的变动情况进行调整。（3）资本与金融账户为经常账户融资的过程中，资本报酬收入因素对经常账户又会产生额外的影响。

（四）错误与遗漏账户余额

定义：错误与遗漏账户是一个抵消账户，归结了各种统计误差和人为差异，其数值与经常账户、资本和金融账户余额之和相等，方向相反。

经济学含义：其是人为设定的、非实际交易产生的账户。错误与遗漏账户余额可以用来进行统计分析，例如，若该账户余额规模太大，说明可能存在资金没有记录的外逃。

（五）综合账户余额

定义：综合账户余额是指经常账户和资本与金融账户中的资本账户、直接投资、证券投资、其他投资账户所构成的余额，也就是将国际收支账户中剔除官方储备账户后的余额。

经济学含义：由于剔除了储备资产账户的余额，故综合账户的意义在于衡量国际收支对一国储备持有造成的压力。

■ 案例再现

2018年中国国际收支

表1-2展现了2018年中国国际收支平衡情况。请据此分析中国的国际收支。

表 1-2　2018 年中国国际收支平衡表　　　　　　　　单位：亿元人民币

项　目	2018 年
1．经常账户	3 527
贷方	193 053
借方	189 526
1.A 货物和服务	7 054
贷方	175 694
借方	168 640
1.A.a 货物	26 366
贷方	
借方	133 871
1.A.b 服务	−19 312
贷方	15 457
借方	34 769
1.B 初次收入	−3 394
贷方	15 526
借方	
1.C 二次收入	−133
贷方	1 833
借方	1 966
2．资本和金融账户	7 231
2.1 资本账户	−38
贷方	
借方	58
2.2 金融账户	7 269
资产	24 436
负债	31 705
2.2.1 非储备性质的金融账户	
资产	23 399
负债	31 705

续表

项　　目	2018 年
2.2.1.1 直接投资	6 964
资产	
负债	13 357
2.2.1.2 证券投资	6 954
资产	3 481
负债	
2.2.1.3 金融衍生工具	−415
资产	326
负债	89
2.2.1.4 其他投资	−5 198
资产	13 199
负债	8 002
2.2.2 储备资产	−1 037
3．净误差与遗漏	

注：表中空格为思考题计算使用。

资料来源：国家外汇管理局．中国国际收支平衡表时间序列 (BPM6)，2019–03–29.

■ 案例解析

一、中国国际收支运行环境

从国际背景看，世界经济环境总体形势复杂，增速放缓。金融市场，大宗商品价格剧烈波动，全球贸易保护主义及单边主义盛行。受贸易摩擦以及美联储加息等因素的影响，国际金融市场出现较大的波动。发达经济体股市行情走低，美国，欧元区指数纷纷下跌，新兴经济体金融市场情况也不容乐观。同时各国货币政策不断分化，美联储不断加息，欧央行利率不变，而各新兴经济体政策立场也并不相同，如以俄罗斯为代表的国家坚持紧缩性货币政策，而以韩国为代表的国家选择宽松的货币政策。总体来说，有不确定的因素，各国应对措施不同，市场震荡，增速放缓，但经济仍保持增长的态势。

从国内背景看，2018年，国内经济处于"稳中有变、变中有忧"的局面。首先，从总体来看，经济仍平稳运行，经济结构得到进一步优化。城镇就业继续扩大，新增就业大幅增加。2018年，城镇调查失业率全年都保持在5%左右；价格涨幅低于预期，居民消费价格温和上涨，CPI居民消费价格指数提高2.1个百分点；经济增长稳步前进，初步核算，GDP达到90万亿元，增长6.6%。但是，经济的结构性矛盾仍然突出，改革的道路仍然任重道远。

二、国际收支概况

2018年，我国经常账户基本保持平衡状态，有微小顺差。2018年经常账户余额为3 527亿元人民币，与2017年相比严重下滑，下滑约73.12%。

其中，货物收支为顺差26 366亿元人民币，相比2017年32 076亿元人民币的水平，出现了显著的跌幅，下跌程度达到17.8%。其中，货物进口133 871亿元人民币，出口160 237亿元人民币，与2017年相比分别上升14.0%和7.2%。而服务收支逆差19 312亿元人民币，其中，服务贸易进口34 769亿元人民币，出口15 457亿元人民币，与2017年相比分别上升9.08%和7.51%。总体来看，服务项目余额比2017年扩大10.37%。初次收入仍保持逆差状态，且数额明显扩大。初次收入是指原经常账户下的收入账户，近年来除2014年为顺差以外，其余年份均保持逆差状态。而2018年与2017年相比，收入为15 525亿元人民币，下降20.01%，支出18 920亿元人民币，下降5.7%。二次收入仍保持逆差状态。二次收入指经常账户下的经常转移账户。2018年二次收入项下收入1 833亿元人民币，此数值下降3.64%，支出1 966亿元人民币，下降27.33%。

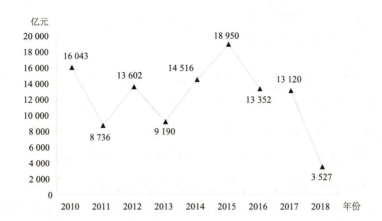

资料来源：根据国家外汇管理局整理。

图 1-1　2010—2018 年经常账户余额

　　直接投资为顺差，2017年顺差1 825亿元人民币，2018年本年逆差6 964亿元人民币。其中我国对外直接投资6 393亿元人民币，下降了31.36%，而外国来华直接投资13 357亿元人民币，相比2017年提高了19.91%。证券投资项目的余额为正且数值较2017年出现明显的扩大，扩大了2.56倍。而2018年对外证券投资3 481亿元人民币下降45.38%，境外证券投资10 435亿元人民币，增长25.34%。其他投资变为逆差，其他投资包括其他股权、贸易信贷、货币和存款、保险和养老金等。2018年其他投资资产净增加13 199亿元人民币，增长91.75%，近乎一倍。负债净增加额为8 002亿元人民币，下降23.33%。

　　储备资产，包括货币黄金、特别提款权、在国际货币基金组织的储备头寸与外汇储备等，2018年本年度增加1 037亿元人民币。其中，主要为外汇储备的变动。2018年本年外汇储备资产增加992亿元人民币。

三、国际收支项目分析

从货物贸易账户看，中国国际收支平衡表显示，2018年货物贸易为顺差，即出口价值高于进口价值。进出口的主要商品类型如表1-3所示。在我国出口商品中，传统劳动密集型商品，如纺织纱线、服装、玩具、鞋、帽约占出口总额的13%，相较2017年有微小的下调。而如表1-4所示，高新技术产品2018年出口额为49 374亿元，约占出口总额三成，比2017年上升9.3%。说明我国出口结构得到一定程度的优化。同时，值得注意的是，对"一带一路"沿线国家进出口总额83 657亿元，比2017年增长13.3%。其中，出口46 478亿元，增长7.9%；进口37 179亿元，增长20.9%。显示出我国"一带一路"政策推进实施成果较为显著。总体来看，我国出口价值高于进口价值，说明我国的产品有较大的国际竞争力，自我创汇能力较强。

表1-3 2018年中国主要出口货物

商品名称	单位	数量	比2017年增长（%）	金额（亿元）	比2017年增长（%）
钢材	万吨	6 934	-8.1	3 984	7.7
纺织纱线、织物及制品	—	—	—	7 851	5.1
服装及衣着附件	—	—	—	10 413	-2.3
鞋类	万吨	448	-0.4	3 095	-5.4
家具及其零件	—	—	—	3 544	4.8
箱包及类似容器	万吨	316	2	1 787	-1
玩具	—	—	—	1 662	2.3
塑料制品	万吨	1 312	12.3	2 870	9.3
集成电路	亿个	2 171	6.2	5 591	23.5
自动数据处理设备及其部件	万台	147 296	-4.4	11 355	6
手持或车载无线电话机	万台	111 918	-7.8	9 343	9.8
集装箱	万个	340	13.5	685	20.9

续表

商品名称	单位	数量	比 2017 年增长 （%）	金额 （亿元）	比 2017 年增长 （%）
液晶显示板	万个	175 810	-9.3	1 527	-12.5
汽车	万辆	115	11.3	972	8.3

资料来源：国家统计局，中华人民共和国 2018 年国民经济和社会发展统计公报，2019-02-28,http://www.stats.gov.cn/tjsj/zxfb/201902/t20190228_1651265.html.

表 1-4　2018 年货物进出口总额及其增长速度

指标	金额（亿元）	比 2017 年增长（%）
货物进出口总额	305 050	9.7
货物出口额	164 177	7.1
其中：一般贸易	92 405	10.9
加工贸易	52 676	2.5
其中：机电产品	96 457	7.9
高新技术产品	49 374	9.3
货物进口额	140 874	12.9
其中：一般贸易	83 947	14.3
加工贸易	31 097	6.6
其中：机电产品	63 727	10.3
高新技术产品	44 340	12.2
货物进出口顺差	23 303	—

资料来源：国家统计局，中华人民共和国 2018 年国民经济和社会发展统计公报，2019-02-28，http://www.stats.gov.cn/tjsj/zxfb/201902/t20190228_1651265.html.

从服务贸易看，2018年，服务贸易逆差继续扩大，数额达到19 312亿元人民币，比2017年升高10.37%，而旅行项目为逆差的主要原因。2018年旅行项目收支逆差，数额达到15 657亿元人民币，增幅为5.62%。这种旅游消费水平的攀升，很大程度上是因为人民生活水平不断提高，国外"集体旅行"成为一种普遍的生活方式；同时，随着全球化水平的不断加强，出国留学的人数也逐年递增。

2018年直接投资资本净流入达到较高水平，为近四年的最高水平。究其原因，一方面，对外投资水平下降；另一方面，境外直接投资规模上升。从行业来看，如表1-5、表1-6所示，外商直接投资的规模上升很大程度上是投资制造业、房地产业、租赁和商务服务业。而对外直接投资水平的下降，结合资金规模和增长率来看，主要是批发和零售业的大幅下降引起的。从投资形式来看，对外直接投资水平下降的主要原因是股权投资水平的下降；境外直接投资规模的上升是股权投资和债务投资规模上升同时起作用。

表1-5　2018年外商直接投资（不含银行、证券、保险领域）及其增长速度

行业	企业数（家）	比2017年增长（%）	实际使用金额（亿元）	比2017年增长（%）
总计	60 533	69.8	8 856	0.9
其中：农、林、牧、渔业	741	5	53	−26.4
制造业	6 152	23.4	2 713	20.1
电力、热力、燃气及水生产和供应业	284	−23.7	291	23.6
交通运输、仓储和邮政业	754	45.8	314	−16
信息传输、软件和信息技术服务业	7 222	127.9	773	−44.4
批发和零售业	22 853	86.1	643	−16.5
房地产业	1 053	42.9	1 489	31.4
租赁和商务服务业	9 099	78.9	1 196	6.4
居民服务、修理和其他服务业	485	39	37	−2.6

资料来源：国家统计局，中华人民共和国2018年国民经济和社会发展统计公报，2019-02-28,http://www.stats.gov.cn/tjsj/zxfb/201902/t20190228_1651265.html.

表 1-6　2018 年对外非金融类直接投资额及其增长速度

行业	金额（亿美元）	比 2017 年增长（%）
总计	1 205	0.3
其中：农、林、牧、渔业	18	−20.3
采矿业	92	11.3
制造业	188	−1.6
电力、热力、燃气及水生产和供应业	32	−0.9
建筑业	74	0.8
批发和零售业	106	−57.5
交通运输、仓储和邮政业	58	92.7
信息传输、软件和信息技术服务业	68	−33.7
房地产业	40	82
租赁和商务服务业	446	27.6

资料来源：国家统计局，中华人民共和国 2018 年国民经济和社会发展统计公报，2019-02-28.http://www.stats.gov.cn/tjsj/zxfb/201902/t20190228_1651265.html.

证券投资方面，证券投资总体呈现较大规模净流入。主要原因来自股权投资和债券投资净流入的增加，尤其是股权投资，其负债增长更为显著。2018年，股权投资净流入2 858亿元，较2017年多流入12倍，债券投资净流入4 096亿元，较2017年多流入1.4倍，体现了我国资本市场有序开放、市场基础设施日臻完善和境内外金融资产价格相对变化等共同作用的结果。

其他投资方面，2018年其他投资收支由顺转逆。对外其他投资达到13 199亿元，相比2017年增加近一倍。其中对境外的贸易信贷规模达到4 530亿元，相比2017年净流出规模增加了2.71倍，对境外贷款和存款规模分别为5 355亿元、4 716亿元。而吸收其他投资净流入规模为8 002亿元，相比2017年有所下降，原因同样在于存贷款项目——境外向我国提供贷款和存款缩水，说明我国企业根据市场环境变化主动调整了跨境贷款规模。

资料来源：国家外汇管理局，2018 年中国国际收支报告，2019-03-29.http://www.safe.gov.cn/safe/2018/0928/10285.html.

■ 案例启示

从案例可以看出，国际收支账户反映了一国对外经济交往状况的基本资料。经常账户反映了一个国家进出口较为全面的信息，甚至涵盖各个产业的国际综合竞争实力。资本与金融账户反映了一国在经济往来中的实力和地位的信息。在过去的若干年内，中国经常账户大多顺差，反映了中国产品较强的国际竞争力；资本与金融账户大多顺差，反映了世界资本对中国经济增长的看好。正因为如此，国际收支账户构成了一国制定经济政策的重要依据。

■ 思考题

1. 下列哪些经济活动计入国民收入账户，哪些不计入？原因是什么？

（1）向国外出口一批货物；

（2）政府转移支付；

（3）购买一辆旧车；

（4）经纪人作为中介完成一笔旧房买卖交易，获得的佣金；

（5）彩票中奖；

（6）购买股票；

（7）企业分红；

（8）企业支付的贷款或债券利息；

（9）拍卖名画所得。

2. 阅读中国2018年国际收支平衡表（摘要），计算并回答以下问题：

（1）根据表1-2中信息，将表中与经常账户、货物贸易、初次收入、资本账户、非储备性质的金融账户、直接投资、证券投资、净误差与遗漏账户相关的借贷方或差额的空缺填入表中。

（2）2016年我国非储备性质的金融账户的总资产增加还是减少了？增加或减少了多少？

（3）计算经常账户、服务贸易、证券投资差额数占储备资产变化量的百分比。

3. 请根据以下几笔国际经济交易，做出会计分录。

（1）A国向本国出口100万美元的商品。本国将此笔货款存入其他银行；

（2）本国从A国购入2 000万美元的设备，由本国驻A国的银行机构以美元支票付款；

（3）本国向B国提供10万美元的食物援助；

（4）本国动用外汇储备100万美元，分别从A国和B国进口大豆；

（5）C国保险公司承保（2）（4）项商品，本国支付保险费3万元；

（6）本国租用D国的船只运送（2）（4）两项商品，运费10万美元，付款方式同（2）；

（7）外国游客来本国旅游，收入为20万美元；

（8）本国在海外的侨胞汇回本国30万美元；

（9）本国对外承保建筑工程50万美元，分别存入所在国银行；

（10）E国在本国直接投资1 000万美元；

（11）本国向A国出口300万美元的商品，以清偿对A国银行的贷款；

（12）本国在国外发行价值200万美元的7年期债券，该笔款项存入国外银行；

（13）向国际货币基金组织借入短期资金40万美元，以增加外汇储备；

（14）据年底核查，本国外汇储备实际增加了80万美元。

■ 参考答案

1.

（1）计入，因为是本国生产的最终产品的市场价值。

（2）不计入，因为没有对应的生产的最终产品与服务。

（3）不计入，车在第一次买卖时已列入过当年的国民收入账户，否则重复计算。

（4）计入，佣金是服务的市场价值。

（5）不计入，没有对应的生产的最终产品与服务，没有创造新的价值。

（6）不计入，金融市场交易本身与生产没有直接对应关系。

（7）不计入，红利不计入国民收入。

（8）计入。

（9）不计入。

2.

（1）经常账户差额为12 961亿元人民币、货物贸易贷方为132 324亿元人民币、初次收入借方为17 974亿元人民币、资本账户贷方为21亿元人民币、非储备性质的金融账户值为−27 733亿元人民币、直接投资资产为14 374亿元人民币、证券投资负债为2 768亿元人民币、净误差与遗漏账户为−14 826亿元人民币。

解析：所有账户的差额都是由贷方减去借方得出的。经常账户的差额=163 214−150 253=12 961（亿元）。货物贸易已知借方和差额求贷方数值，就用借方加上差额得出，即99 492+32 832=132 324（亿元）。初次收入已知贷方和差额求借方，用贷方数值减去差额数值，即14 987−（−2 987）=17 974（亿元）。资本账户已知借方和差额求贷方，用借方加上差额得出，即44+（−23）=21。非储备性质的金融账户已知资产与负债的值求差额，用负债减去资产，即16 355-44 089=-27 734（亿元）。直接投资已知负债与差额求资产，用负债减去差额，即11 390-（-2 984）=14 374（亿元）。证券投资已知资产与差额求负债，用资产加差额，即6 900+（-4 132）=2 768（亿元）。净误差与遗漏账户是为了抵消掉经常账户与资本与金融账户结算后差额的净值。经常账户差额为12 961亿元，资本与金融账户差额为1 865亿元，两者之和为14 826亿元，为抵消掉该净值，净误差与遗漏账户的值应为-14 826亿元。

（2）减少了27 733亿元人民币。

解析：非储备性质的金融账户的差额代表2016年非储备性质的金融账户的总资产的变化。差额为正代表非储备性质的金融账户的总资产在2016年增加了；反之，差额为负代表总资产减少了。

根据上一问计算结果，非储备性质的金融账户的差额为-27 733亿元人民币，说明2016年非储备性质的金融账户的总资产减少了，且减少了27 733亿元人民币。

（3）经常账户、服务贸易、证券投资差额数占储备资产变化量的百分比分别为43.8%、54.9%、13.9%。

解析：储备资产变化量为29 621亿元人民币。用经常账户、服务贸易、证券投资余额的数值除以该变化量再乘以100%得到答案。

3. 详情如下：

（1）借　其他投资　100万美元

　　　贷　商品出口　100万美元

解析：出口伴随着资本流出所形成的海外资产的增加。就出口这一行为来说，意味着本国拥有的实际资源的减少，应记入贷方。就资本流出这一行为来说，说明本国在别国的资产增加，本题中指在美联储银行的存款增加，属于金融账户中的其他投资账户。因此这笔交易应如答案所示。

（2）借　商品进口　2 000万美元

　　　　　贷　其他投资　2 000万美元

　　解析：本题实质上与上题恰好相反。进口，相当于本国的实际资源的增加，列入借方；用本国的海外存款资本付款，为其他投资的减少，列入贷方。

　　（3）借　经常转移　10万美元

　　　　　贷　商品出口　10万美元

　　解析：向他国转移货物属于经常转移账户。经常转移在会计中属于成本费用，经常转移在贷方反映外国向本国的经常转移，在借方反映本国向外国的转移。故本题中应列入借方。由于提供的方式为物资援助，可视为商品出口，记入贷方。

　　（4）借　进口　100万美元

　　　　　贷　官方储备　100万美元

　　解析：进口，属于实际资源的增加，列入借方；动用外汇储备，属于官方储备账户，是资产的减少，列入贷方。

　　（5）借　证券投资　3万美元

　　　　　贷　其他投资　3万美元

　　解析：这笔费用属于FOB价，在运送上船后费用和风险均由买方，即进口方承担，故该国需要支付保险费。保险费用不属于经常账户，直接投资只有三种：绿地投资、并购、利润再投资。因此，保险费用不属于直接投资，它属于证券投资。

　　（6）借　服务进口　10万美元

　　　　　贷　其他投资　10万美元

　　解析：付款方式与（2）相同，即通过海外存款付款，故列入其他投资，记在贷方。

　　（7）借　其他投资　20万美元

　　　　　贷　服务　20万美元

　　解析：外国居民到本国旅游属于服务的出口，意味着本国的资源减少，故记在贷方。

（8）借　资本账户　30万美元

　　　贷　其他投资　30万美元

解析：对于一定数量的资本的移动，分两部分来看，一方面，相当于本国海外存款的减少，故记在贷方，记为其他投资；另一方面，资本转移到国内，故记为资本转移账户，由于为资本的转入，即为资产的增加，故记在借方。值得注意的是，本题的借方还可以是官方储备账户，理解为汇回国内需要结汇，即把外汇卖给政府，从而导致本国的官方储备账户的增加。当然，更为推荐记为资本转移账户。

（9）借　直接投资　50万美元

　　　贷　其他投资　50万美元

解析：相当于对外国以存款的方式直接投资50万元。本国对外国的直接投资记在借方；海外存款的减少记在贷方，记为其他投资。

（10）借　直接投资　1 000万美元

　　　贷　其他投资　1 000万美元

解析：同（9）。

（11）借　证券投资　300万美元

　　　贷　商品出口　300万美元

解析：债务记录在证券投资中。本国债务的减少记在借方。出口商品记为货物贸易中的商品出口科目，出口相当于本国资产的减少，故记在贷方。

（12）借　其他投资　200万美元

　　　贷　证券投资　200万美元

解析：存入国外银行相当于海外存款的增加。海外存款记为其他投资科目，资产的增加记在借方。本国向国外发行债券，债券记为证券投资科目，本国向国外发行记在贷方。

（13）借　官方储备　40万美元

　　　　贷　证券投资　40万美元

　　解析："以增加本国外汇储备"，外汇储备属于官方储备账户，增加本国的外汇储备，记在借方。"向国际货币基金组织借入资金"，债务记为证券投资科目，本国向境外借款记在贷方。

　　（14）借　官方储备　80万美元

　　　　　贷　错误遗漏　80万美元

　　解析："本国外汇储备增加"，外汇储备属于官方储备账户，本国的增加记在借方；由于年底核查并无与该笔资金对应的业务，即经核查前面没有借贷不相等的情况，故记在"错误与遗漏账户"，并记在贷方，从而使借贷最终达到平衡。

第二章

外汇和汇率

本章学习目标

1. 了解外汇和汇率的概念。

2. 掌握汇率的主要计算。

3. 掌握购买力平价、利率平价、国际收支说的内容及经济含义。

第一节　外汇市场

一、外汇的定义及特征

（一）定义

对于外汇的定义有两种，动态的外汇和静态的外汇。

1. 动态的外汇

动态的外汇是指一种汇兑行为，就是把一个国家的货币兑换成另一个国家的货币，然后以汇付或托收的方式，借助于各种信用流通工具对国际上债权债务关系进行非现金结算的专门性经营活动。

举例来讲，A国某公司从B国某公司进口一批货物，需要用B国货币进行结算，A国公司向当地银行兑换B国现汇寄往B国出口商，B国出口商可凭汇票向当地银行兑取现钞。

2. 静态的外汇

通俗地讲，静态的外汇一般指外币或用外币表示的用于国际结算的支付凭证。静态的外汇又有广义和狭义之分。

广义的外汇一般指国际货币基金组织和各国外汇管理法令中的外

汇。国际货币基金组织对外汇的解释是："外汇是货币行政当局以银行存款、财政部国库券、长短期政府债券等形式所持有的在国际收支逆差时可使用的债权。"可见，这个定义更强调平衡国际收支逆差的能力，以及中央政府的持有性。各国外汇管理法令中对外汇也进行了定义，以我国为例，2008年实施的《中华人民共和国外汇管理条例》（国务院令第532号）第三条规定：外汇，是指下列以外币表示的可以用作国际清偿的支付手段和资产，包括外币现钞，包括纸币、铸币；外币支付凭证或者支付工具，包括票据、银行存款凭证、银行卡等；外币有价证券，包括债券、股票等；特别提款权；其他外汇资产。

狭义的外汇是指以外币表示的用于国际结算的支付手段，这是我们通常所说的外汇。

（二）特征

外汇一般具备如下几大特征：

1. 以外币表示的境外资产

值得注意的是，美元为国际支付中最主要的币种，但是对于美国人来说，用美元进行的国际间结算都不算动用外汇。

2. 自由兑换性

值得注意的是，外国货币不一定是外汇。这里需要满足自由兑换性。货币自由兑换是指在外汇市场上，能自由地用本国货币购买（兑换）某种外国货币，或用某种外国货币购买（兑换）本国货币。按照产生货币兑换需要的国际经济交易的性质分，货币自由兑换可以分为经常账户下的自由兑换和资本与金融账户下的自由兑换。一国货币实现完全自由兑换需要经历几个阶段：经常账户的有条件兑换、经常账户自由兑换、经常账户自由兑换加上资本与金融账户的有条件兑换、经常账户自由兑换加上资本与金融账户自由兑换。环球同业银行金融电讯协会（SWIFT）统计显示，截至2017年6月末，人民币支付金额占全球支付额的1.98%，排名保持第六，足以显示人民币在国际上地位的提升。尽管如此，人民币依旧不能算作他国的外汇。因为人民币至今仍停留在经常账户下的自由兑换，而资本与金融账户下货币的兑换仍存在管制措施，导致人民币在贸易过程中成本较高，其他国家不愿持有，进而影响吸引外资、资本回流的能力。

3. 可偿还性

外币资产需要保证可以得到偿还才允许纳入外汇，像空头支票，尽管满足前两个特征，依然不属于外汇。

二、汇率的定义及表达方式

（一）定义

汇率是指以一种货币表示的另一种货币的相对价格。

（二）汇率的表达方式

1. 直接标价法与间接标价法

直接标价法中标准货币为外币，报价货币为本币，表示用本币来衡量单位外币的价格。例如，2018年3月6日14:34:32中国银行公布的实时外汇牌价显示，英镑与人民币的换算关系是一单位英镑对应8.8298元人民币。值得关注的是，我国所采用的汇率标价方法就是这种直接标价法。

间接标价法中标准货币为本币，报价货币为外币，表示用外币来衡量单位本币的价格。仍然用上述我国的例子说明，如果用间接标价法，应该表示为一单位的人民币对应1/8.8298单位的英镑。

可见，对于既定的两种货币，直接标价法的数值与间接标价法的数值互为倒数。

另外，升值表示一国货币币值的上升，在直接标价法下，外汇汇率的升值与报价货币的数量呈正相关，即当外汇升值或本币贬值时，外汇的汇率上升；而在间接标价法下，外汇汇率的升值与报价货币的数量呈负相关，即当外汇升值或本币贬值时，外汇的汇率下降。

当今世界，除英国、美国、欧元区、新西兰、加拿大、澳大利亚等少数国家和地区外，绝大多数国家和地区均采用直接标价法。因此，在判断直接标价法和间接标价法时需要注意，通过一个汇率的表达式，不能进行判断，需要考虑研究对象是哪个外汇市场。例如，根据上述英镑与人民币的例子，在英国的外汇市场是间接标价法，而在我国的外汇市场是直接标价法，而在美国的外汇市场，这既不属于直接标价法也不属于间接标价法。

2. 美元标价法与非美元标价法

美元标价法适用于各大国际金融中心，具体含义是指以一定单位的美元为标准，折算成若干单位的其他货币来表示。例如，在纽约国际金融市场上，除对英镑等少数货币使用直接标价法外，对其他外国货币用间接标价法的标价方法。非美元标价法是以非美元货币为标准，折算成若干单位的美元来表示。在世界各大国际外汇市场上，除英镑、澳大利亚元、新西兰元、欧元、南非兰特等集中货币采用非美元标价法以外，其余大多数货币均采用美元标价法。采用美元标价法的好处是简化报价并广泛地比较各种货币的汇价，对于两种非美元货币之间的汇率，需要通过套汇的方法计算得出。

三、汇率的分类

（一）固定汇率与浮动汇率

这是按照国家采用的汇率制度进行分类。固定汇率制下，汇率是基本固定的、波动幅度限制在一定范围以内的汇率；而浮动汇率制下，汇率是由外汇市场供求关系决定的货币间的相对价格，是可以自由变动的。目前我国实行的是有管理的浮动汇率制。

（二）单一汇率与复汇率

这是按照汇率是否适用于不同的来源与用途进行分类。单一汇率是指一个国家或一种货币采用一种汇率，应用于所有的国际经济交易活动中；复汇率是指一个国家或一种货币采用两种及两种以上的汇率，对于不同的国际经济交易活动，按情况采用不同的汇率数值，从而达到进行外汇管制的目的。因此，双重汇率制、多重汇率制都属于复汇率制的范畴。

（三）名义汇率、实际汇率以及有效汇率

这是按照是否剔除价格的影响进行分类。名义汇率是指两国货币的相对价格，就是我们一般看到的汇率；实际汇率是指剔除两国价格因素的影响，以本国商品表示的外国商品的相对价格。进一步来说，实际汇率反映的是以同种货币表示的两国商品价格水平的比较，反映了本国商品的国际竞争力。具体公式为

$$q = \frac{eP^*}{P}$$

其中，P^* 表示外国的价格水平，P 表示本国的价格水平，e 表示名义汇率，q 为实际汇率。

有效汇率是一个加权平均汇率指数，以不同国家的贸易比重为权数，计算本国货币与各国货币的汇率指数的加权平均数，反映的是本国货币在国际上的总体竞争力。具体公式为

$$本币的有效汇率 = \sum_{i=1}^{n} 本币对 i 国货币的汇率指数（以基期为100）$$

$$\times \frac{本国同 i 国的贸易值}{本国的全部对外贸易值}$$

（四）买入汇率、卖出汇率以及中间汇率

这是从银行买卖外汇的角度进行分类。在外汇市场上，银行通常是双向报价的。注意，买入汇率与卖出汇率均是以银行为主体来表示的。而且，这里买和卖的对象是指外币而非本币。买入汇率是指银行从

客户买入外汇时所使用的汇率；卖出汇率是指银行向客户卖出外汇时所使用的汇率。通常来说，在直接标价法下，买入汇率是低于卖出汇率的；在间接标价法下，买入汇率是高于卖出汇率的。原因是银行是以盈利为目的的，故在外汇的买卖上，外汇买入的成本一定小于外汇卖出的收益。而中间汇率是银行买入汇率与卖出汇率的平均值。一般我们所看到的货币的汇率只有一个值，这个值就是中间汇率。

（五）即期汇率与远期汇率

这是按照外汇交割期限的不同进行分类。即期汇率是指买卖双方成交后，于当时或两个工作日之内进行外汇交割时所采用的汇率，即期汇率对应的是即期交易；远期汇率是指买卖双方成交后在约定的日期办理交割时采用的汇率。通常来讲，远期交易的期限有一个月、三个月、一年等。远期交易相较于即期交易的优势是：对于规避风险的人可以抵补保值，即将期限过后的交易成本确定下来，可以避免未来的汇率风险；对于投机者创造了赚取利润的机会，即根据自身预计未来汇率走势在当下进行远期交易，做空头或多头，从而赚取差额。

远期汇率报价的方式有两种，一种与即期汇率的报价方式相同，即直接将外汇的买入价与卖出价表示出来。另一种报价方式更为常见，即只报出即期汇率与远期汇率的差额。这种差额一般分为升水和贴水两种。升水表示该种货币在远期升值，贴水表示该种货币在远期贬值。值得注意的是，通过升贴水这种方法计算远期汇率时需要考虑汇率的标价方法。在直接标价法下，升水时，远期汇率等于即期汇率加上升水额；贴水时，远期汇率等于即期汇率减去贴水额。而在间接标价法下，计算方法恰好相反。

还需注意的是，一般情况下，不会标示出升贴水，而用掉期率代替，这时是升水还是贴水需要自己判断。掉期率的表达方式一般是10/4，7/12这种用竖杠隔开两个数字，判断升贴水的方法就是看竖杠左右的数字的大小，如果前大后小，如上述10/4此类，说明是贴水；如果前小后大，如上述7/12此类，说明是升水。这是因为需要保证在直接标价法下，买入汇率永远小于卖出汇率。

（六）基本汇率与套算汇率

这是从汇率制定的角度进行分类。基本汇率又称为基准汇率，是指一国货币对关键货币的比率。这里提到的关键货币是指在国际交往中使用最多、在外汇储备中所占比重最大，在国际上普遍接受的可自由兑换货币。大多数国家都把本国货币与美元的汇率作为基本汇率。套算汇率又称交叉汇率，是指通过两种不同货币与关键货币的汇率间接地计算出两种货币之间的汇率，即通过两个基本汇率进行套算得到。具体套算方法有两种，即交叉相除法和同项相乘法，具体用哪种方法需视不同情况而定，将在下文做更详细的讲解。

四、汇率的计算

（一）买入汇率与卖出汇率的有关计算

【例1】已知中国银行某日的美元汇率为：USD1=CNY6.5122/78。如果个人去银行将7美元兑换为人民币，可兑换回多少人民币？如果再用这些人民币兑换回美元呢？试比较两次持有的美元的多少并说明原因。

解：个人卖美元即为银行买美元，用6.5122的买入汇率进行计算，得到兑换回的人民币数量为：$7 \times 6.5122 = 45.5854$元人民币。

再用45.5854元人民币重新兑换美元，即为个人买美元，也就是银行卖美元，用6.5178的卖出汇率进行计算，得到美元数量：$45.5854 \div 6.5178 = 6.99$美元。

可以看到进行两次兑换后，个人换得的美元越来越少，这是因为银行是以盈利为目的的。

可见，买入汇率与卖出汇率的主体是银行而非客户，买与卖的对象是外币而非本币。

（二）即期汇率与远期汇率的有关计算

【例2】已知英镑与港元的汇率为：GBP1=HKD10.9863/73，6个月远期合约的掉期率为90/100。若某公司按照6个月的远期汇率买进一万港元，需要多少英镑？

解：掉期率的左边数字小于右边数字，为升水。故远期汇率为

GBP1=HKD10.9863+0.0090 /10.9873+0.0100

结果为GBP1=HKD10.9953/73

公司卖出英镑，即银行买入英镑，故用10.9953的买入汇率，计算得到所需英镑数额为

$$10\ 000 \div 10.9953 \approx 909.48$$

故需要约909.48单位英镑。

可见，重点掌握通过掉期率判断升贴水，进而求算远期汇率的方法。在用升贴水进行加减的时候，注意我们所研究的汇率标价法，直接标价法下，升水加，贴水减；间接标价法相反。

（三）基础汇率与套算汇率有关计算

【例3】已知外汇市场上某日的即期汇率为：USD1=CNY6.3133/98，USD1=GBP0.7134/93，求在直接标价法下，英镑在我国当日的汇率。

解：本题中，两个基本汇率的标记法相同，故采用交叉相除的方法，可得：$GBP1 = CNY\dfrac{6.3133}{0.7193} / \dfrac{6.3198}{0.7134}$，即最后求得的结果为

GBP1=CNY8.7770/8.8587

【例4】已知外汇市场上某日的即期汇率为：USD1=CNY6.3133/98，CNY 1= GBP 0.1132/40，求美元与英镑的汇率。

解：本题中，两个基本汇率标价法不同，故采用同边相乘的方法，可得：$USD1 = GBP6.3133 \times 0.1132 / 6.3198 \times 0.1140$，即最后求得的

结果为

USD1=GBP0.7145/0.7204

可见，进行套算汇率的计算时，需要考虑两种情况，即两种基本汇率的标价方法是否一致，当两种基本汇率的标价方法相同时，采用"交叉相除法"；当两种基本汇率的标价货币不同时，采用"同边相乘法"。

（四）名义汇率与实际汇率有关计算

【例5】已知美元汇率为6.5122，2017年美国的消费者价格指数CPI值为204.21，中国同年的CPI为101.67，求美元的实际汇率。

解：消费者价格指数CPI是反映居民家庭一般所购买的消费品和服务项目价格水平变动情况的宏观经济指标。可以较为客观地描述一国的价格水平。根据公式 $q = \dfrac{eP^*}{P}$ ，其中 P^* 表示外国的价格水平，P 表示本国的价格水平，e 表示名义汇率，q 为实际汇率。代入得到

$$q = 6.5122 \times \frac{204.21}{101.67} = 13.0801$$

即美元的实际汇率为13.0801。

第二节 汇率决定理论

■ **知识点串讲**

一、汇率与价格的关系——购买力平价说

（一）一价定律

内容：对于可贸易商品，如果不考虑交易成本等因素，则同种可贸易商品在各地的价格是一致的。其中，可贸易商品是区域间的价格差异可以通过套利活动消除的商品；反之，不可贸易商品是区域间的价格差异不能通过套利活动消除的商品，一般包括不动产和个人劳务项目。

假设条件：不同地区的同种商品是同质的；商品的价格能够灵活地进行调整，不存在价格黏性。

开放经济下的一价定律：在一价定律的基础上，还需要考虑：第一，商品价格的比较需要将各国不同的货币进行统一，引入汇率问题；第二，进行套利活动时，商品的贸易伴随着资本流动，这里我们不考虑资本流动问题；第三，交易成本在实际商品贸易中无法忽略不计。但在

理论推导时，由于交易成本不确定性因素较多，不易衡量，仍不考虑。

公式：$p_i = e \times p_i^*$，其中 e 表示直接标价法下的汇率，p_i 表示国内某种可贸易商品的价格，p_i^* 表示外国某种可贸易商品的价格。

（二）绝对购买力平价

假设条件：第一，对任何一种可贸易商品，一价定律都成立；第二，在两国物价指数的编制中，各种可贸易商品所占的权重相等。

表达式：$e = \dfrac{P}{P^*}$。

经济学含义：汇率取决于不同货币衡量的可贸易商品的物价水平之比，即汇率是不同货币对可贸易商品的购买力的一种比较。

推广：如果一价定律对于不可贸易商品也成立，原来的可贸易商品的物价水平就可以变为一般物价水平。绝对购买力平价的含义就可以扩展成汇率取决于货币的价值之比。

（三）相对购买力平价

假设条件：第一，交易成本无法按照一价定律的假设而不考虑；第二，绝对购买力平价的第二个假设不成立，即可贸易商品在各个国家的权重相等。因此，各国的一般物价水平以同一种货币计算时并不完全相等，存在稳定的偏移。

表达式：$\Delta e = \Delta P - \Delta P^*$

经济学含义：货币的相对贬值或升值取决于两国的通货膨胀率的差。如果本国通胀率高于外国，则外国货币升值，相对的本国货币贬值。

（四）对购买力平价理论的简单评价

无论是绝对购买力平价还是相对购买力平价都认可货币数量论，认为"汇率完全是一种货币现象"。一般假设一单位的货币的购买力取决于货币的发行数量。在社会商品总供给一定的情况下，货币的发行量越大，单位货币的购买力就越小，从而对于固定价值的商品就需要更多的货币，即物价水平上升，从而影响汇率。

评价：无论是绝对购买力平价还是相对购买力平价，都是从购买力这一货币的基本功能分析汇率的问题，听起来合情合理；理论较为简单，被广泛采用。但是，汇率与相对价格是谁决定谁，这一点无法从公式和理论文字表述本身得到解答。

二、汇率与利率的关系——利率平价说

（一）购买力平价说与利率平价说的关系

中长期：货币供应数量→购买力（商品价格）→ 汇率

短期：货币（资金）供求数量→利率（资产价格）→汇率

（二）套补的利率平价

假设条件：套利活动的成本忽略不计，套补性交易行为无风险。

表达式：$\rho = i - i^*$。其中，ρ 表示外汇即期汇率 e 与远期汇率 f 的升贴水率，即 $\rho = \dfrac{f-e}{e}$，i 表示本国利率水平，i^* 表示外国利率水平。

经济学含义：外汇的远期升贴水率等于两国利率的差。当国内利率高于国外利率，则外币远期升水，抵消本国利率高带来的对本币的需求；同理，当国内利率低于国外利率，则外币远期必将贴水，而本币在远期将升水，本币的货币需求上升，填补利率低而带来的本币的超额供给。进一步说，汇率的变动会抵消两国间的利率的差异，从而使金融市场处于平衡状态。

（三）非套补的利率平价

与套补利率平价的区别：套补利率平价理论，我们假定投资者的策略是远期交易从而规避汇率风险。实际上，还可以根据自己对未来汇

率变动的预期来计算预期的收益，即承担汇率风险寻求可能的高回报。

表达式：$E\rho = i - i^*$。其中，$E\rho$ 表示预期的汇率变动率。

经济学含义： 预期的汇率变动率等于两国货币利率之差。即如果本国利率高于外国利率，则市场预期本币在未来将贬值，如果本国利率低于外国利率，则市场预期本币在未来将升值；再如果本国货币当局提高利率，则当市场预期未来的汇率并不因之发生变动时，本币的即期汇率将升值。

（四）套补和非套补利率平价的关系

套补与非套补利率平价的成立分别是由两种类型的交易活动实现的。可以近似地说，套补利率平价是针对风险规避者，通过远期合约的方式规避未来的汇率风险；而非套补利率平价针对的是风险偏好者，按照未来的汇率交易，承担一定的风险开展外汇交易。

事实上，在真正的市场上，这两种类型的交易者都是存在的，而在这两者之间，还存在着另一种类型的交易者，即投机者。当出现同质资产价格不同时，他们会立刻进行套利活动来赚取差价。当投机者预期的未来汇率小于远期汇率时，即 $E_e^f < f$ 时，投机者就会在外汇市场上以 f 的汇率卖出远期合约，预期未来到期时能以 E_e^f 的汇率买入外币以交割，则投机者每单位的本币所获得的收益为：$\dfrac{f}{E_e^f} - 1 > 0$。在收益大于0时，这种套利行为会一直进行下去，而外汇市场上的远期合约的汇率 f 会随着市场上供给的增加而逐渐减小直至收益 $\dfrac{f}{E_e^f} - 1 = 0$，即 $E_e^f = f$ 时达到平衡状态，此时套补的利率平价与非套补的利率平价同时成立，即 $E_e^f = f$，$E\rho = \rho = i - i^*$。

（五）对利率平价说的简单评价

利率平价说只是简单地描述了利率与汇率之间的关系，并没有说明是谁决定谁，也就是说，不仅利率的差异会影响到汇率的变动，汇率的改变也会通过影响资金供求进而影响利率。利率和汇率可能是由更为基本的因素决定的，利率平价说只是基本因素变化的两种表现的相互关系，与其他汇率决定理论并不矛盾，反而相互补充。

利率平价说有较大的实践性。由于利率的变动非常迅速，与汇率之间又存在着这样的关系，这就为银行对外汇市场的管制提供了一个途径。

三、汇率与国际收支的关系——国际收支说

（一）国际借贷说

国际借贷说是国际收支说的前身，其认为，汇率是外汇市场上的价格，由外汇市场的供求决定，而外汇市场上的供求受到国际收支的影响。无论是开始的国际借贷说还是后来的国际收支说，都以此作为支撑。但国际借贷说几乎也仅止于此，它认为，当一国已进入支付阶段的外汇支出大于外汇收入时，外汇的需求大于供给，本国货币贬值，反之亦然。但并未指出影响外汇供求或国际收支的具体因素。

（二）国际收支说

国际收支说在国际借贷说的基础上较为详细地列出了具体影响国际收支进而影响外汇供求的因素。这里国际收支仅包括经常账户和资本与金融账户，这里的资本与金融账户不含储备资产。从经常账户来看，主要是商品与劳务的进出口，是由价格、收入等因素决定的，具体来看，进口主要是本国国民收入 Y 和两国相对价格 $\dfrac{eP^*}{P}$ 决定的；同理，出口主要是外国国民收入 Y^* 和两国相对价格决定的；从资本与金融账户来看，影响因素是由本国利率 i，外国利率 i^* 还有与其未来汇率变动率 $\dfrac{E_e^f - e}{e}$ 决定的。

综上所述，我们可将所有因素纳入，从而得到汇率的决定公式，即

$$e = f\left(Y, Y^*, P^*, P, i, i^*, E_e^f\right)$$

在这些因素的共同作用下，汇率将达到均衡状态。

逐一分析各个因素对汇率的影响：

（1）国民收入：其他条件不变时，本国国民收入越高，进口上升，经常账户恶化，外汇需求上升，本币贬值；外国国民收入越高，出口上升，经常账户得到缓解，外汇供给上升，本币升值。

（2）价格：其他条件不变时，本国物价水平上升，经常账户恶化，本币贬值；外国物价水平上升，经常账户缓解，本币升值。

（3）利率：其他条件不变时，本国利率上升，吸引资本流入，本币升值；外国利率上升，资本流出，本币贬值。

（4）预期的汇率变化：其他条件不变时，预期本币贬值时，当下资本流出，本币即期贬值；预期本币升值时，当下资本流入，即期升值。

（三）对国际收支说的评价

国际收支说是带有浓重凯恩斯主义色彩的汇率决定理论，它是凯恩斯主义的国际收支理论在浮动汇率制下的变形，对于其的评价主要有三点：

第一，指出了汇率与国际收支之间的关系，这对于全面分析汇率的决定因素尤其是短期内汇率的变动是极为重要的。国际收支是宏观经济的重要变量，将汇率与之相联系则意味着对汇率的一种新的分析视角，即从宏观经济角度而不是像购买力平价说那样从货币数量的角度研究汇率，这是现代汇率理论的重要分支。

第二，与前面的两个学说一样，国际收支说也不能被视为完整的汇率决定理论。国际收支说列出了很多变量，而无论是这些变量之间，还是这些变量与汇率之间，都存在着极其复杂的关系，国际收支说并未深入明确这种关系，因此称其为完整的汇率决定理论是不严谨的。

第三，国际收支说是关于汇率决定的流量理论。之所以说是流量理论，是因为它是从国际收支引起的外汇供求流量决定了汇率水平及其变动，并未进一步分析哪些因素决定了这一流量，这使它无法解释一些经济现象，如利率上升在很多情况下不能持续吸引资本流入从而引起汇率的相应变动；再如，外汇市场上交易量的小幅变动有可能引起汇率的大幅变动；还有，外汇市场的价格即汇率变动相对于普通商品市场上价格的变动时常更剧烈、更敏感。因此，国际收支说仍算不上一个完整的汇率决定理论，需要与其他理论结合共同决定汇率。

■ **案例再现**

按购买力平价计算的中国GDP世界排名

2014年，中国基于购买力平价(Purchasing Power Parity, PPP)计算的国内生产总值(GDP)达到17.63万亿美元，首次赶超17.42万亿美元的美国，成为世界第一。自此，中国基于购买力平价计算的国内生产总值始终位列第一，表2-1为世界银行公布的最新2016年按购买力平价衡量的GDP位列前十名的各国情况。部分外媒以"中国超过美国成为世界最大经济体"为标题报道这一消息，引起了国内外的广泛关注。

表 2-1　按购买力平价 (PPP) 衡量的 GDP

国家	2017 年（亿美元）
中国	231 220.3
美国	193 621.3
印度	94 467.9
日本	54 050.7
德国	41 495.7
俄罗斯联邦	40 001
印度尼西亚	32 429.7
巴西	32 191.3
英国	28 802.5
法国	28 264.6

数据来源：世界经济信息网 http://www.8pu.com/gdp/ranking_ppp_2017.html。

■ **案例解析**

一、IMF数据如何得出

购买力平价是指，两种货币之间的汇率决定于它们单位货币购买力之间的比例，两国货币的兑换比率由两国货币各自所具有的购买力之比决定。购买力理论的基础是在自由贸易下，全球的同一种商品是等价的，它假定商品、劳务的流动不受关税、配额等因素的影响，也没有考虑不同国家商品的差异性。

IMF以PPP为货币转换系数，把一国的GDP转换成以某一基准货币表示的GDP。IMF对这一转换系数以及基于这一转换系数计算GDP的确定依据来自国际比较项目(International Comparison Program，ICP)。ICP是由联合国统计委员会、世界银行等主持的一项跨国比较体系，旨在提供GDP及其组成部分的国际一致价格和数量。它通过价格调查并利用支出法计算的GDP作为基础，测算不同国家货币购买力之间的真实比率。ICP每六年进行一次调查，收集各国对最终产品(包括消费品、消费服务、政府服务以及资本品)的支出及价格，以计算PPP。

ICP的PPP含义是，如购买按一种共同货币计价的、可比篮子的货物和服务(一般是美元)，需要多少单位的一国本国货币。大体上讲，PPP相当于使本国货币与美元具有同等购买力的汇率。ICP提供基准年(最新发布的基准年是2011年)的PPP，除基准年以外的其他年份，IMF遵循标准方法，利用基于GDP缩减指数的相对通胀率，外推得到其他年份的PPP，并据此计算出各国可比较的GDP。

二、购买力平价法的合理性和局限性

从购买力平价法的合理性看，市场汇率短期波动性较大，容易受到国际投机行为以及政府干预的影响，因此基于市场汇率的国际比较可能是不稳定甚至是误导的。使用市场汇率来比较一个发展中国

家与一个高收入国家的经济总量，发展中国家的经济通常会被低估。这主要有两个原因：一是一些基本的不可贸易产品和服务通常在发展中国家比较便宜，诸如食品和医疗，它们的价格由本地市场决定而非国际市场决定；二是由于流动性或者其他风险因素，发展中国家的货币汇率通常被低估。而使用购买力平价方法能够比较不同国家的产出和居民的实际购买力。因此，购买力平价法统计具有局限性。购买力平价对商品和服务的不可比性，以及在质量上的差异性也无法体现。总的来说，购买力平价较适合经济发展水平相似的国家之间进行比较。

应当指出的是，购买力平价反映居民实际生活水平而非国家整体实力。学术界一般共识是，基于PPP计算的人均实际GDP是判断一国生产力的最好标准。使用购买力平价能够更真实地反映居民支出实际可购买到的商品和服务数量。因此，采用购买力平价来比较两国实际生活水平差距有一定合理性，但用来比较两国经济的实际规模则具有误导性。[1]

■ **案例启示**

按照购买力平价计算国内生产总值时使用的是绝对购买力平价理论，认为所有国家的一般物价水平以同一种货币计算时是相等的，汇率取决于两国一般物价水平之比，也就是不同货币的购买力之比。这个汇率就是文中提到的货币转换系数。用PPP来取代名义汇率，即用购买力平价决定汇率在实践过程中仍是存在问题的：第一，各国之间可比性低。各个国家价格体系、经济体制、统计口径等的不同导致商品分类在

---

[1] 资料来源：黄剑辉，王阁，徐晶. 基于购买力平价计算 GDP 存在局限 [N]. 中国证券报，2014–11–10(A04 版).

各国的不同，使横向比较缺乏可比性，同时，各国生产消费偏好差异使得无法用同一个物价指数来描述。第二，不同的物价指数也会导致不同的购买力平价。比如，国内生产总值消长指数是覆盖面最广的指数；而消费物价指数是覆盖消费品价格的一种物价指数……因此，采用哪种指数最恰当是一个悬而未决的难题。

第三节　欧洲货币市场

■ 知识点串讲

一、概念与历史发展

欧洲货币市场形成的根本原因：适应第二次世界大战后出现的生产和资本国际化发展的要求。

欧洲货币市场形成的具体原因：

（1）东西方的冷战；

（2）英国当局加强外汇管制；

（3）美国的持续性国际收支逆差以及金融管制；

（4）美元危机中的保值和投机活动；

（5）石油输出国的巨额"石油美元"。

欧洲货币市场的形成过程：

（1）最早的欧洲货币市场是欧洲美元市场，"欧洲"和"美元"都是实指；

（2）随着欧洲货币市场的发展，交易货币币种不限制于美元，其他货币如马克、日元等也加入交易；

（3）地理范围不限于欧洲，后来扩大到亚洲等地；

（4）今天，"欧洲"指境外，"美元"指外币。

二、欧洲货币市场的优势

主要是利率优势，存款利率相对高，贷款利率相对低，利差更小。具有上述优势的原因包括：

（1）不存在存款准备金和利率的管制要求；

（2）是银行间同业市场的交易，手续费和服务费低，使得交易成本更低；

（3）客户多是大机构和各国政府，信誉高，贷款风险低；

（4）金融创新多，金融管制少，多为表外业务，不受巴塞尔协议的监管；

（5）交易金额大。

■ 案例再现

中国经济增速超预期，在岸和离岸人民币
均升破6.40元大关

资料一：2018年1月19日亚洲市场。人民币强势走高，在岸人民币开盘不久就升破6.4元关口，美元兑在岸人民币刷新2015年12月以来低位至6.3920元，较昨日夜盘收盘涨近200点。离岸人民币涨破6.4元关口，美元兑离岸人民币刷新2015年11月末以来低位至6.3922元。

人民币兑美元中间价今日报6.4169元，升值至2015年12月9日以来最高；人民币兑美元中间价较上日调升232点，升幅创2018年1月15日以来最大。

中国经济增速超过市场预期支撑人民币走强，一些分析师上调年内人民币兑美元目标价，并表示看涨汇率。国家外汇管理局新闻发言人、国际收支司司长王春英对于人民币汇率升值问题表示，近期的人民币升值与内部经济持续向好和外部美元相对比较弱等因素都有关系。同时中国经济增速超过市场预期也支撑人民币走强。

资料二：目前，人民币远期交易市场主要有两类：一是在岸远期市场，它同时又分为银行间远期市场和柜台远期结售汇市场(银行间远期市场的主要参与者是境内外金融机构，而柜台远期结售汇市场的主要参与者是境内有外汇收支的企业)；二是离岸无本金交割远期市场(以下简称离岸NDF市场)，主要在新加坡和中国香港等地开展，参与者主要是花旗银行、汇丰银行和渣打银行等国际性金融机构，同时也包括一些跨国公司和对冲基金等。

人民币离岸远期NDF，是指无本金交割远期外汇。它是一种远期外汇交易的模式，是一种衍生金融工具，用于对那些实行外汇管制国家和地区的货币进行离岸交易。在交易时，交易双方确定交易的名义金额、远期汇价、到期日。在到期日前两天，确定该货币的即期汇价，在到期日，交易双方根据确定的即期汇价和交易伊始时的远期汇价的差额计算出损益，由亏损方以可兑换货币如美元交付给收益方。

其做法是，交易双方在签订买卖契约时"不需交付资金凭证或保证金"，合约到期时亦不需交割本金，"只需就双方议定的汇率与到期时即期汇率间的差额"从事清算并收付的一种交易工具。人民币NDF市场是存在于中国境外的银行与客户间的远期市场，主要的目的是帮未来有人民币支出或人民币收入的客户对冲风险。但是到期时，只计算差价，不真正交割。结算货币是美元。由于中国实行资本项目管制，对冲基金能够流入中国内地直接炒作人民币的，只是极少一部分。

早在1997年1月18日，中国人民银行即颁布了《人民币远期结售汇业务暂行办法》，用以引导和规范国内人民币远期业务；中国银行也于同年1月被批准为首家试办远期结售汇业务的银行。然而，此后数年内，人民币远期结售汇业务发展缓慢，直至2002年和2003年，远期结售汇业务才陆续扩大到除中国银行以外的中国建设银行、中国工商银行和中国农业银行。从2004年10月起，其他符合条件的银行开始获准申请办理远期结售汇业务，但截至2005年初，国内仅7家银行可以从事该项业务。汇改以来，中国加快了人民币产品创新的步伐，扩大了外汇指定银行远期结售汇业务，即合格的银行只要通过备案，就可以为境内客户的经常项目交易和部分资本与金融项目交易提供远期结售汇业务，而客户只需提供全部有效凭证供银行对其外汇收支进行真实性和合规性审核；允许取得人民币即期和衍生品交易资格的银行在银行间市场开展人民币远期交易，并允许获准办理远期结售汇业务，6个月以上的银行办理不涉及利率互换的人民币与外币间的掉期业务(银行间外汇市场就此成立)。人民币对美元即期汇率波动较小、市场参与成本较高、利率并未完全市场化等外部因素，导致这一市场成立之初交易清淡。随着人民币汇率日内浮动幅度的放宽，汇率风险日益突出，这一市场得以迅速发展。[1]

■ 案例解析

香港离岸人民币市场自2010年建立以来，建设步伐在不断加快。近年来，香港离岸人民币业务无论是在跨境贸易支付、存款，还是债券发行量和金融产品开发等方面都迅速增长，成为最主要的离岸人民币贸

---

[1]　资料来源：树袋熊.中国经济增速超预期,在岸和离岸人民币均升破6.40元大关[OL].汇通网,2018-01-19.

易结算、融资和资金管理中心。并伴随着境内外汇市场的建设发展、资本项目逐步开放、汇率市场化改革推进以及人民币跨境贸易结算规模的持续增加，境内外人民币外汇市场间的相互影响也将趋于明显。

一、基本概念介绍

在岸金融市场就是指本国的居民间利用本国货币进行交易的金融市场。在岸就是我们平时接触的国内公司和个人的银行服务。我们常见的CNY，就是境内的人民币报价。Y字就是普通话YUAN的字头，代表境内人民币的报价。境内的人民币市场就是我们一直所说的"未完全开放"的市场。

离岸人民币就是在别的国家或者金融中心发行人民币，因为人民币非国际货币，也不能和美元自由兑换，衍生手段也不多，因此不能满足贸易和规避风险需求，政府就只有设立离岸货币，可以不受中国法律的约束。外汇商和贸易商可以在这些离岸货币中心进行金融交易，如：人民币期货，对冲货币现货的风险，与之相反的也就是在岸人民币，在中国发行的人民币，必须受中国金融政策和法律法规的管控。

二、在岸市场与离岸市场的互动

在岸和离岸人民币汇率会通过多个渠道相互影响，导致其价差难以在长时间内保持在很高水平。离岸人民币与在岸人民币价差通常较小：自2012年中至2016年8月11日汇改前：一般不超过400个基点，大部分时间在100个基点以内。较大的价差通常难以持续的主要原因：贸易与金融渠道会使在岸和离岸人民币价格趋同。

目前，在岸和离岸人民币汇率主要通过三个渠道相互影响：

第一，通过跨境进出口企业贸易结算。当离岸人民币比在岸人民币弱时：跨境出口企业会倾向于在离岸市场上交易，因为同样的美元收入在离岸市场可换得更多的人民币收入。出口企业在离岸市场上卖出美元、买入人民币又会使离岸人民币升值。跨境进口企业则倾向于在在岸市场上交易，因为同样数额的美元进口支出在在岸市场用较少的人民币购买即可。进口企业在在岸市场上出售人民币、买入美元的行为又会使在岸人民币贬值。这些交易的结果会使在岸和离岸人民币汇率价差缩小。但政府对跨境进出口企业的这种行为仍然有所限制。如果跨境贸易企业选择在离岸市场，即按照离岸汇率进行交易，那么这项交易所带来的收益不能转回到在岸市场。

第二，通过无本金交割远期外汇交易（NDF）市场。在岸金融机构不允许在离岸人民币市场上交易，离岸金融机构也不允许在在岸人民币市场上进行任何活动，因此他们不能直接在离岸和在岸人民币市场之间进行套汇交易。然而，他们都可以在无本金交割远期外汇交易市场上进行操作。在岸金融机构可以通过在岸人民币远期市场和NDF市场进行套汇，离岸金融机构可以通过离岸人民币远期市场和NDF市场进行套汇。二者的套汇行为都会使得在岸和离岸人民币汇率趋同。

第三，信息或信心渠道。信息与信心渠道的一个例子是，在周边国家经济前景恶化的情况下，离岸投资者对内地经济增长的信心也可能下降（因为周边国家是中国的重要出口目的地）。这样离岸人民币汇率可能贬值，这又会影响在岸市场对人民币的信心，从而带动在岸人民币汇率同向变化。

第四，正常时期与非常时期内的人民币汇率。正常时期是指没有超预期事件和冲击，且全球风险偏好保持平稳的时期，相反则可认为是非常时期。正常时期内，在岸与离岸汇率相互影响；非常时期，主要是离岸汇率引导在岸汇率。

正常时期，在岸人民币汇率与离岸汇率相互影响。随着离岸市场规模的逐渐扩大和流动性的提高，中国在岸和离岸市场之间的联系更深，正常时期内两个市场的相互影响从过去单向传导的机制逐渐转变为双向的交互影响。非常时期，诸如全球避险情绪上升导致对美元需求上升，这会引起投资者减持人民币资产。在在岸市场受到管制且央行相机介入的情况下，离岸人民币汇率在非常时期反应更剧烈，从而导致两地价差扩大。

三、在岸市场与离岸市场的区别

在岸人民币（CNY）市场发展时间长、规模大，但受到管制较多，央行是外汇市场的重要参与者，意味着在岸人民币汇率受央行的政策影响较大。

离岸人民币（CNH）市场发展时间短、规模较小，但却受限较少，受国际因素，特别是海外经济金融局势的影响较多，更充分地反映了市场对人民币的供给与需求。

两个市场的参与者、价格形成机制，以及交易量方面都有较大差别：

首先，离岸市场人民币汇率对超预期的经济数据反应更强烈。当经济数据超预期时，汇率会第一时间反映市场对经济预期的调整。比如，增长高于预期可能会引起货币升值，而离岸市场因为没有管制，对数据，尤其是超预期部分的反应更大。研究显示在各种宏观数据中，超预期/低于预期的GDP数据会对在岸和离岸人民币汇率的价差产生显著影响。

其次，离岸和在岸两地流动性差异会影响人民币汇率差价。当离岸人民币市场中人民币的流动性恶化时，离岸人民币升值压力上升，当CNH比CNY强时，价差上升，反之亦然。而当离岸人民币市场中美元的流动性恶化时，离岸人民币贬值压力上升，价差或下降。

最后，国际金融市场的冲击，尤其是海外投资者风险偏好的变化，对离岸市场的人民币汇率影响更大。因其与国际金融市场的联系更紧密，而在岸市场因为存在管制，对这些冲击就不那么敏感。因此，在国际金融市场较动荡的时候，在岸和离岸汇率通常也会出现较明显的价差。

■ **案例启示**

在岸金融市场也称外国金融市场，在这个市场上，使用市场所在国发行的货币，受到该国金融市场上的惯例和法律政策约束，交易是在来自外国的交易者与市场所在国交易者之间进行的。

离岸金融市场也称欧洲货币市场，在这个市场上，使用的货币一般不是市场所在国发行的货币，基本上不受任何一国国内政策法令的管制，交易是在市场所在国的非居民之间进行的。

离岸金融市场的优势很多，最主要的是利率优势，存款利率高，贷款利率低，利差更小。其原因有很多，包括不存在存款准备金和利率的管制要求；金融创新活跃，多为表外业务，不受巴塞尔协议的监管等。

离岸金融市场是一种完全国际化的市场，是国际金融市场的主体。人民币币值升高，反映了中国的经济实力逐步增强，以及人民币在世界货币市场地位的升高。

■ **思考题**

1. 纽约外汇市场即期汇率为USD/CHF=1.5340，三个月远期瑞士法郎贴水30点，又知一年期美元利率为5.1%，一年期瑞士法郎利率为6.5%。某美国商人从国内银行借得本金100万美元，不考虑套汇费用，问：

（1）如果此人进行抵补套利，是否会获利？

（2）若有利可图，可获利多少？（结果保留整数）

2. 如果纽约市场上年利率为10%，伦敦市场上年利率为12%，伦敦市场上即期汇率为£1=$2.20，求9个月的远期汇率。

3. 某英国人持有£2 000万，当时纽约、巴黎和伦敦三地的市场汇率为：纽约$1=FF5.5680；巴黎：£1=FF8.1300；伦敦：

£1=$1.5210，是否存在套汇机会？该英国人通过套汇能获利多少？

4. 美联储加息对人民币汇率的压力

2015年12月，美联储加息25个基点，给我国的金融正常运行带来了比较大的冲击。为了实现稳增长的经济目标，中国人民银行在经济增速不断下降的背景下，2015年全年降息五次共计1.25个百分点，同时迅速降低了1年期基准利率与法定存款准备金率，定向降准5次。但是中国与美国之间存在经济和利率周期，这种利差的运行会带来人民币贬值压力。加之当前我国人民币均衡汇率不明朗，会进一步导致人民币贬值压力的增加。我国连续数次降息降准，但是持续的利差收窄不断诱发了我国名义有效汇率的下降。

2016年11月下旬开始，随着我国央行的货币政策开始锁紧，同时美联储加息超出预期导致短期内市场流动性面临巨大的压力。12月，央行进行公开市场资金投放，加快了我国利率的下行。中美十年期的国债收益率已经由年中的将近1.3%跌至年底的不足0.7%，造成了我国人民币的贬值。[①]

从利率平价说的角度，根据所学简要分析美联储加息后人民币当期贬值的原因。

■ **参考答案**

1. 有利可图；1 516元

解析：我们在用升贴水来进行远期汇率的报价时，是针对单位货币来说的，以本题为例，如果不加任何说明，贴水说的是单位货币美元。而本题中强调瑞士法郎贴水，也就是美元的升水，这里要用即期汇率加上30点。即远期汇率为：USD/CHF=1.5340+0.003=1.5370。

---

① 资料来源：李兰. 美联储加息对人民币汇率的影响 [D]. 对外经贸大学硕士论文，2017-05.

利差为：$\left| i - i^* \right| = \left| \dfrac{3}{12} \times (5.1\% - 6.5\%) \right| = 0.35\%$

汇率的变动率为：$\rho = \dfrac{f - e}{e} = \dfrac{1.537 - 1.534}{1.534} = 0.20\%$

根据套补利率的经济学含义：汇率的变动会抵消两国间的利率的差异，从而使金融市场处于平衡状态。而这里，利差大于汇率的变动，因此选择将资金投入瑞士，会获利。

利润为：$\dfrac{1\,000\,000 \times 1.534 \times \left(1 + \dfrac{6.5\%}{4}\right)}{1.537} - 1\,000\,000 \times \left(1 + \dfrac{5.1\%}{4}\right) = 1\,516$元

2．远期汇率为2.167

解：设 f 和 e 是远期和即期汇率，则根据利率平价理论有：

9 个月远期的理论汇率差异为 $e \times$（12％－10％）$\times 9/12 = 2.20 \times$（12％－10％）$\times 9/12 = 0.033$。

由于伦敦市场利率高，所以英镑远期汇率应为贴水，故有：

f＝2.20－0.033＝2.167。

3．存在套利机会，利润为83.37万英镑

解：根据纽约和巴黎的市场汇率，可以得到，两地英镑和美元的汇率为 £1＝\$8.1300/5.5680＝£1＝\$1.4601，与伦敦市场价格不一致，伦敦英镑价格较贵，因此存在套汇机会。

套汇过程为：伦敦英镑价格较贵，应在伦敦卖出英镑，得 2000×1.5210＝3 042万美元；在纽约卖出美元，得3 042×5.5680＝16 938法郎；在巴黎卖出法郎，得：16 938/8.1300＝2 083.37英镑。

套汇共获利83.37万英镑。

4．美联储加息后，中国为平稳经济采取降息操作，使得中美利差逐渐减小，根据利率平价说，$E\rho = \rho = i_d - i_f$ 中美利差减小，本币远期升值，又因为利差减小，本国资金流出，外汇市场上本币供给增加，本币即期贬值。但总有一天，资金流入本国从而使本币升值。

第三章

开放经济下市场的
自动平衡机制

本章学习目标

1．掌握贬值的经济效应。

2．了解溢出效应和反馈效应。

3．熟练运用BP曲线分析开放经济下市场的自动平衡机制。

第一节 开放经济下的简单商品市场平衡

一、贬值的经济效应

（一）贬值对自主性贸易余额的影响及马歇尔—勒纳条件

价格弹性：商品的数量变动与价格变动联系在一起的变量。

需求价格弹性：价格变动的百分比引起需求量变动的百分比。

当本国国民收入不变时，贬值可以改善贸易余额的条件是：进口的需求价格弹性和出口的需求价格弹性之和大于1。这一条件被称之为马歇尔—勒纳条件。

当进出口需求价格弹性之和大于1时，本币贬值对贸易余额的影响为正；相反，当进出口需求价格弹性之和小于1时，本币贬值对贸易余额的影响为负。

（二）考虑国民收入变动因素后的贬值效应分析

贬值造成自主性贸易余额改善后，自主性贸易余额的改善会对国民收入产生乘数效应，带来国民收入的增长，而国民收入的增长又会通过边际进口倾向的作用带来进口增长，进而恶化贸易余额。此时只要边际吸收倾向小于1，那么贬值引起的自主性贸易余额的改善的程度超过了因收入上升而带来进口的增加幅度，从而贬值仍然对改善贸易余额起到作用。

（三）考虑自主性吸收因素的贬值效应分析及劳尔森—梅茨勒效应

贬值可能会加大自主性吸收支出，这一效应就是劳尔森—梅茨勒效应。贬值会使以本国居民购买外国商品的能力下降，为维持原有消费水平，居民在收入没有增加的情况下增加吸收支出。

（四）贬值效应的时滞问题及J曲线效应

本国货币贬值后，最初发生的情况往往正好相反，经常项目收支状况反而会比原先恶化，进口增加而出口减少，经过一段时间，贸易收入才会增加。因此，在马歇尔—勒纳条件成立的情况下，贬值对贸易收支改善的时滞效应，被称为J曲线效应。

二、开放经济的相互依存性分析

开放经济的溢出效应：一国收入的变动，会通过贸易渠道引起另一国收入的相应变动（一国国民收入增加，会引起进口增加，同时会引起国外的出口增加，国外的收入增加）。溢出效应的大小主要取决于本国的边际进口倾向以及外国的收入乘数。

开放经济的反馈效应：本国国民收入的增加在对外国国民收入产生扩张效果后，外国国民收入的扩张又进一步反作用于本国的国民收入。

■ **案例再现**

货币贬值未拉动出口增长　新兴市场国家苦不堪言[①]

　　货币贬值的一个好处是刺激出口，但是这种事情并没有发生在全球关键的新兴市场国家。

　　一些新兴市场国家的货币已经触及新低，在过去两年半贬值幅度达30%。然而，它们的出口增速却降至5年来最低水平。据凯投宏观，新兴市场国家截至5月的三个月出口同比下降了14.3%，为2009年来最大跌幅。

　　仅仅在一年之前，许多新兴市场国家政府还在试图促使本国货币贬值，希望以此推动出口，帮助经济恢复增长。市场上甚至一度传出发生"货币战争"的讨论。然而，他们的如意算盘打错了。

　　货币贬值没有拉动出口增长，现在又面临美联储即将加息的压力，这将使新兴市场国家货币进一步贬值。印度尼西亚和巴西等新兴市场国家苦不堪言。

　　印度尼西亚经济增速已经降至五年来的最低水平，促使该国总统Joko Widodo采取了限制进口措施。Widodo称，在出口下滑的情况下，必须压缩进口规模，印度尼西亚必须保存硬通货，因此必须通过国内资源来满足需求。

　　在巴西，受铁矿石、咖啡和糖等大宗商品价格下跌影响，出口已经连续11个月萎缩。5月该国已将预算削减了226亿美元。在税收收入减少的情况下，巴西财长周三宣布了新一轮减支措施。

---

① 资料来源：时芳胜. 货币贬值未拉动出口增长　新兴市场国家苦不堪言 [OL]. 新浪财经，2015-07-24. http://finance.sina.com.cn/world/20150724/182222785538. shtml.

■ 案例解析

本国货币贬值后，最初发生的情况往往正好相反，经常项目收支状况反而会比原先恶化，进口增加而出口减少，经过一段时间，贸易收入才会增加。因此，在马歇尔—勒纳条件成立的情况下，贬值对贸易收支改善的时滞效应，被称为J曲线效应。

短期内，由于各种原因（主要的原因是数量变化滞后于价格的变化），贬值之后有可能是贸易余额先恶化，过一段时间后，待出口供给与进口需求作出相应调整后，贸易余额慢慢开始进行改善。这一变化过程可能会维持数月甚至一两年，根据各国不同情况而定。因此汇率变化对贸易状况的影响是具有"时滞"效应的。J曲线效应就是新兴市场国家货币贬值没拉动出口增长的一个原因。

■ 案例启示

从案例中我们不难发现货币贬值并没有达到预期的对出口的促进作用，反而对一些新兴市场国家造成了一定的经济影响。比如这些新兴市场国家不仅没达到促进出口的目的，反而还要承受美联储即将加息的压力，这将使新兴市场国家货币进一步贬值。这些新兴市场国家必须找出新的对策来解决货币贬值的问题，否则会造成一定的危机。这件案例也同样表明，在寻求促进出口的方法中，通过货币贬值会发生J曲线效应，不要过度依赖于通过货币贬值的方式来达到刺激出口的目的。

第二节　开放经济的自动平衡机制

■ **知识点串讲**

一、BP曲线

（一）BP曲线的定义

BP曲线是国际收支均衡时利率和收入的组合点。代数表达式如下：

$$BP = CA + K = CA\,(\,q,\,Y\,) + K\,(i) = 0$$

（二）BP曲线的图形

资金完全不流动时，BP曲线又称CA曲线，此时，贬值将引起BP曲线右移，BP曲线左侧的点代表国际收支顺差，BP曲线右侧的点代表国际收支逆差。资金完全流动和资金不完全流动两种情况，请读者自己试试看，贬值将引起BP曲线如何移动？不在BP曲线上的点又代表国际收支怎样的情况？详见图3-1。

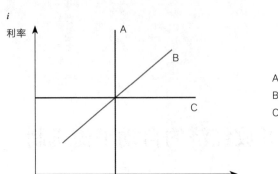

图 3-1　BP 曲线

二、开放经济的自动平衡机制

（一）固定汇率制下开放经济的自动平衡机制

1. 资金完全不流动的情形

图3-2说明了固定汇率制下，当国际收支为逆差时，面对资金完全不流动的情况，开放经济的调节过程。在这一过程中涉及两个机制：

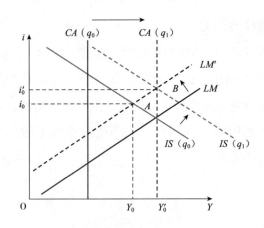

图 3-2　逆差时开放经济的自动平衡机制

收入机制：国际收支逆差→外汇储备减少（政府拿外汇储备来弥补市场中的外汇供给）→名义货币供给下降→国民收入下降→进口支出

减少→经常账户改善（*LM*左移）

货币——价格机制：国际收支逆差→外汇储备减少→名义货币供给减少→物价水平下跌→实际汇率贬值（$q=eP^*/P$）→经常账户改善（*CA*和*IS*右移）

最终结果是：

国民收入*Y*的变化：不确定

名义汇率*e*的变化：不变

利率*i*的变化：上升

2. 资金完全流动的情形

图3-3说明了固定汇率制下，当国际收支为逆差时，面对资金完全流动的情况，开放经济的调节过程。在这一过程中涉及如下机制：

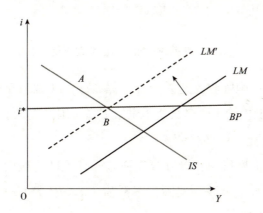

图 3-3　逆差时开放经济的自动平衡机制

利率机制：国际收支逆差→外汇储备减少→货币供给减少→本国利率上升→资金流入→国际收支改善（*LM*左移）

最终结果是：

国民收入*Y*的变化：下降

名义汇率*e*的变化：不变

利率*i*的变化：上升

3. 资金不完全流动的情形

图3-4说明了固定汇率制下，当国际收支为逆差时，面对资金不完全流动的情况，开放经济的调节过程。在这一过程中涉及如下机制：

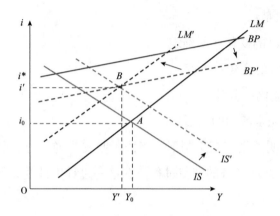

图 3-4　逆差时开放经济的自动平衡机制

收入机制：国际收支逆差→外汇储备减少（政府拿外汇储备来弥补市场中的外汇供给）→名义货币供给下降→国民收入下降→进口支出减少→经常账户改善（*LM*左移）

货币——价格机制：国际收支逆差→外汇储备减少→名义货币供给减少→物价水平下跌→实际汇率贬值（$q=eP^*/P$）→经常账户改善（*BP*和*IS*右移）

利率机制：国际收支逆差→外汇储备减少→货币供给减少→本国利率上升→资金流入→国际收支改善（*LM*左移）

最终结果是：

国民收入*Y*的变化：不确定

名义汇率*e*的变化：不变

利率*i*的变化：上升

（二）浮动汇率制下开放经济的自动平衡机制

1. 资金完全不流动的情形

图3-5说明了浮动汇率制下，当国际收支为逆差时，面对资金完全不流动的情况，开放经济的调节过程。在这一过程中涉及如下机制：

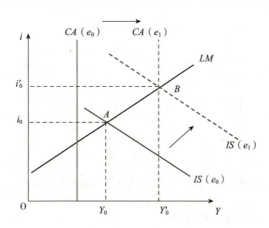

图 3-5　逆差时开放经济的自动平衡机制

货币——价格机制：国际收支逆差→外汇供小于求→名义汇率贬值→实际汇率贬值→经常账户改善（CA 和 IS 右移）

最终结果是：

国民收入 Y 的变化：上升

名义汇率 e 的变化：上升

利率 i 的变化：上升

2. 资金完全流动的情形

图3-6说明了浮动汇率制下，当国际收支为逆差时，面对资金完全流动的情况，开放经济的调节过程。在这一过程中涉及如下机制：

利率机制：国际收支逆差→本国货币贬值→出口需求上升→本国利率上升→资金流入→国际收支改善（IS 和 BP 右移）

最终结果是：

国民收入 Y 的变化：上升

名义汇率e的变化：上升

利率i的变化：上升

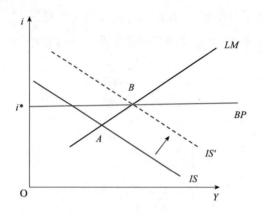

图3-6　逆差时开放经济的自动平衡机制

3. 资金不完全流动的情形

图3-7说明了浮动汇率制下，当国际收支为逆差时，面对资金不完全流动的情况，开放经济的调节过程。在这一过程中涉及如下机制：

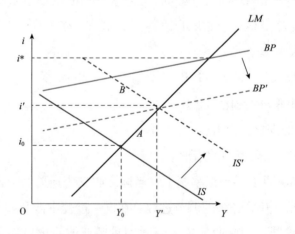

图3-7　逆差时开放经济的自动平衡机制

货币——价格机制：国际收支逆差→外汇供小于求→名义汇率贬值→实际汇率贬值→经常账户改善（BP和IS右移）

利率机制：国际收支逆差→本国货币贬值→出口需求上升→本国利率上升→资金流入→国际收支改善（*BP*和*IS*右移）

最终结果是：

国民收入*Y*的变化：上升

名义汇率*e*的变化：上升

利率*i*的变化：上升

可以看出，浮动汇率的三种情况下，*Y*，*i*，*e*三个变量的变化一样，均为上升。

■ **思考题**

1. 马歇尔—勒纳条件的主要观点是什么？

2. 何为J效应曲线？

3. 为什么在资金完全流动的情况下，没有收入机制以及货币—价格机制的调节？

4. 在*IS–LM–BP*模型中，*IS*、*LM*、*BP*曲线上每一点所对应的都是什么市场的均衡？

■ **参考答案**

1. 当本国国民收入不变时，贬值可以改善贸易余额的条件是：进出口的弹性需求之和大于1。这一条件被称为马歇尔—勒纳条件。当进出口需求价格弹性之和大于1时，本币贬值对贸易余额的影响为正；相反，当进出口需求价格弹性之和小于1时，本币贬值对贸易余额的影响为负。

2. 本国货币贬值后，最初发生的情况往往正好相反，经常项目收支状况反而会比原先恶化，进口增加而出口减少，经过一段时间，贸易收入才会增加。因此，在马歇尔—勒纳条件成立的情况下，贬值对贸易收支改善的时滞效应，被称为J曲线效应。

3. 因为资金完全流动的情况下，资金的变动太快而收入机制以及货币—价格机制需要一定的时间进行调控，完全来不及反应，资金就进行了变动。

4. IS曲线对应的是商品市场，LM曲线对应的是货币市场，BP曲线对应的是国际收支平衡。

第四章

国际资金流动

本章学习目标

1. 了解国际资金流动的发生机制和国际金融市场主要概念。
2. 熟悉债务危机发生机理。
3. 熟悉货币危机发生机理。

第一节　国际资金流动概况

一、国际资金流动的发生机制

图4-1说明：本国投资者与本国借款人交易本国货币是本国金融市场的活动；本国投资者（本国借款人）与外国借款人（外国投资者）在本国交易本国货币属于本国金融市场的延伸（外国金融市场或者在岸金融市场）；外国投资者与外国借款人在本国交易以外国货币为面值的货币的金融工具的市场属于离岸金融市场或者欧洲货币市场。

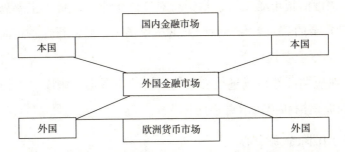

图 4-1　国内金融市场、外国金融市场和欧洲货币市场的关系

二、国际金融市场简介

按照期限不同，国际金融市场可以分为国际资本市场和国际货币市场。

（一）国际资本市场

1. 主要涉及中长期（期限在一年以上）跨国资本流动。

2. 国际资本市场主要包括国际银行中长期贷款市场和证券市场。

3. 国际银行中长期贷款的两种基本方式：独家银行贷款（指一国一家贷款银行向另一国的政府、银行、公司企业提供贷款）和银团信贷（也称作辛迪加贷款，是指由一家银行牵头、多家银行联合提供的贷款）。

4. 证券市场的两个重要组成部分：国际债券市场（包括欧洲债券市场和外国债券市场）和国际股票市场。

（二）国际货币市场

1. 主要是指借贷期限为一年以内的短期跨国资金流动。

2. 国际货币市场主要包括银行短期信贷市场、短期证券市场和贴现市场。

3. 银行信贷市场主要包括银行对外国企业的信贷（主要满足国际企业流动资金的需要）和银行同业拆放市场（平衡银行在一定时间内资金余缺，居于主要地位）。

4. 在短期证券市场进行交易的短期信用票据：国库券、银行定期存单、商业票据和银行承兑票据。

（三）国际金融中心

国际金融中心是能够提供最便携的国际融资服务、最有效的国际支付清算系统、最活跃的国际金融交易场所的城市。

根据业务特点国际金融中心可以分为：国内资本的净输出地（提

供资本输出为主要功能的国际金融中心)、国际金融服务中心(国内金融市场达到一定的深度和广度、金融机构完善,从而吸引外国投资者参与到本国金融市场进行交易的金融中心)和离岸金融中心(为非本国投资者提供金融服务,其吸引力在于税低、政策环境宽松、机构组织完善和服务配套等)。

根据功能国际金融中心可以分为:功能型国际金融中心(提供具体金融中介服务)、名义型国际金融中心(不提供金融服务的金融中心,该地只具有避税功能,因此也被称为"记账中心")。

三、国际资金流动情况

(一)国际资金流动的类型

国际资金流动包括:国际直接投资(与实际生产、交换发生直接联系的资本流动)、国际间接投资(与实际生产、交换没有直接联系的资本流动)。

(二)国际资金流动的好处

1. 有利于全球范围内资本的优化配置;
2. 有利于财富效应的传导;
3. 有利于增强资金的流动性;
4. 对国际金融市场的一体化具有推动作用。

(三)国际资金流动的坏处

1. 使得各国维持外部均衡的难度加大;
2. 增加了微观经济主体经营的困难;
3. 国际金融市场的衍生工具放大交易风险;
4. 国际资金的流动会影响内部均衡;
5. 经济波动会传导到其他国家。

■ **案例再现**

2016年中国对外直接投资概况[①]

2016年中国对外直接投资主要呈现以下特点：

一是对外投资流量蝉联全球第二，占比首次超过一成，连续两年实现双向直接投资项下资本净输出。2016年，在全球外国直接投资流出流量1.45万亿美元，较上年下降2%的背景下，中国对外直接投资流量创下1 961.5亿美元的历史新高，同比增长34.7%，在全球占比达到13.5%。

二是存量全球排名前进2位跃居第六，年末境外企业资产总额超过5万亿美元。截至2016年底，中国2.44万家境内投资者在国（境）外设立对外直接投资企业3.72万家，分布在全球190个国家（地区）；中国对外直接投资累计净额（存量）达13 573.9亿美元，在全球占比提升至5.2%，位居第六。

三是对外投资并购活跃，数量金额创历史之最。2016年，中国企业共实施对外投资并购765起，涉及74个国家（地区），实际交易金额1 353.3亿美元，其中直接投资865亿美元，占63.9%；境外融资488.3亿美元，占36.1%。并购领域涉及制造业、信息传输/软件和信息技术服务业、交通运输/仓储和邮政业等18个行业大类。

四是国家地区高度集中，对美欧投资快速增长。2016年，流向中国香港、美国、开曼群岛、英属维尔京群岛的投资共计1 570.2亿美元，占当年流量总额的80.1%。对美国直接投资169.81亿美元，同比增长111.5%；对欧盟投资99.94亿美元，同比增长82.4%。投资存量的八成以上（84.2%）分布在发展中经济体，在发达经济体的存量占比为14.1%，

[①] 资料来源：商务部合作司. 2016年度中国对外直接投资统计公报 [OL]. 商务部网站，2017-09-30. http://fec.mofcom.gov.cn/article/tjsj/tjgb/201709/20170902653690. shtml.

另有1.7%的存量在转型经济体。

五是投资覆盖国民经济各行业，租赁和商务服务业、制造业、信息传输/软件和信息服务业等领域的投资快速增长。2016年底，中国对外直接投资覆盖了国民经济各个行业类别，租赁和商务服务业、制造业、信息传输/软件和信息服务业同比分别增长了81.4%、45.3%和173.6%；5个行业的投资存量超过千亿美元，分别是租赁和商务服务业、金融业、批发零售业、采矿业和制造业，5个行业的合计占比达79.7%。

六是近六成投资形成境外企业股权，债务工具规模创历史极值。2016年对外直接投资流量中，新增股权投资1 141.3亿美元，同比增长18%，占当年流量的58.2%；收益再投资306.6亿美元，占15.6%；债务工具投资513.6亿美元，是上年的4.6倍，占26.2%。

七是八成以上非金融类投资来自地方企业，上海、广东和天津位列前三。2016年，地方企业对外非金融类直接投资流量达1 505.1亿美元，同比增长60.8%，占全国非金融类对外直接投资流量的83%，上海、广东和天津位列前三。截至2016年底，地方企业对外非金融类直接投资存量达5 240.5亿美元，在全国占比达44.4%，较上年增加7.7个百分点。

八是境外企业对东道国税收和就业贡献明显，对外投资双赢效果显著。2016年我国境外企业向投资所在国缴纳的各种税金总额近300亿美元，年末境外企业雇用外方员工134.3万人，较上年末增加11.8万人。

■ 案例解析

中国对外直接投资曾连续多年大幅增长。继2015年中国对外直接投资实现历史性的突破之后，2016年继续大幅增长。2015年流量位列全球第二，仅在美国之后，并超过了同期吸引外资水平，同时与美国的双边投资关系发生逆转，对美投资首次超过了美国对华投资。2016年，中国企业对外直接投资1 832亿美元，连续第二年位列世界第二，其中非金融类对外直接投资1 701亿美元，同比大幅增长44.1%，投资覆盖全球160多个国家和地区。从历史数据来看，2003年至2015年，中国对外直接投资连续13年增长，年均增长速度高达35.9%。

反观全球投资的大环境，2016年全球对外直接投资失去了增长动能，据联合国贸易和发展会议数据，2016年全球对外直接投资流入量较2015年下降2%。同期，美国的对外投资流量也出现下滑，下降1%至2 990亿美元。亚洲地区中国以外的其他次区域和主要对外投资经济体的流出量也大幅下降。在此形势下，中国的对外投资逆势上扬。贸发会议预计，由于主要地区经济增长预期向好、贸易复苏以及企业利润上升，2017年全球对外直接投资将增长5%，达到1.8万亿美元。

2017年以来我国对外投资出现放缓迹象。从2017年前5个月情况来看，我国非金融类对外直接投资345.9亿美元，同比下降53%，降幅较大。但是，全年来看，个别的大额投资可能推高2017年的对外投资总额。例如，2017年6月8日，中国化工集团宣布已完成对瑞士农业公司先正达高达430亿美元收购的交割，创下中企海外单笔收购金额最高纪录。

造成当前中国对外直接投资放缓的主要原因包括国际金融市场的动荡、其他国家经济政策的不确定性，一些发达国家对中国投资的限制，以及我国相关部门加强了对非理性对外投资的监管，采取措施来降低境外投资风险、规范市场并鼓励对实体经济和新兴产业的投资。相关部门针对一些非理性对外投资加强监管。

未来中国全球化的发展取决于中国企业的全球化，中国企业的全球化取决于中国企业成规模、高水平地"走出去"。只有"走出去"，参与到全球经济合作与竞争当中，在全球范围内配置资源，中国企业才能提升自身竞争力，从而推动中国全球化的发展。①

---

① 资料来源：王辉耀. 中国对外投资最新形势如何 [OL]. 新华丝路，2017-09-20. http://silkroad.news.cn/zhiku/mfbg/51983.shtml.

■ 案例启示

　　发达经济体国际资本流入流出总量在全球处于主导地位仍将持续，未来随着发展中和新兴经济体资本管制的逐步放开、金融发展水平的逐步提高和金融制度的逐步完善，世界范围内资金流动的发展规模不断地扩大。

　　资金流动的发展规模不断地扩大，对全球的经济发展产生了一些潜移默化的影响。

　　第一，形成全球利润最大化。长期资本流动可以增加世界经济的总产值与总利润，并趋于最大化。因为，资本在国际间进行转移的一个原因，就是资本输出的盈利大于资本留守在国内投资的盈利，这意味着输出国因资本输出，在资本输入国创造的产值，会大于资本输出国因资本流出而减少的总产值。这样，资本流动必然增加了世界的总产值和总利润，而且资本流动一般是遵循哪里利润率高往哪里流动的原则，最终会促使全球利润最大化。

　　第二，加速世界经济的国际化。生产国际化、市场国际化和资本国际化，是世界经济国际化的主要标志。这三个国际化之间互相依存，互相促进，推动了整体经济的发展。第二次世界大战后，资本流动国际化已经形成一个趋势，20世纪80年代以来更有增无减。尤其资本流动国际化的外部环境与内部条件不断充实，如全球金融市场的建立与完善，高科技的发明与运用，新金融主体的诞生与金融业务的创新，以及知识的累积、思维的变化等，这些都使资本流动规模大增，流速加快，影响更广，而其所创造的雄厚的物质基础，又反过来推动生产国际化与市场国际化，使世界经济在更广的空间、更高的水平上获得发展。

　　第三，加深了货币信用国际化。首先，加深了金融业的国际化。资本在国际间的转移，促使金融业尤其是银行业在世界范围内广泛建立，银行网络遍布全球，同时也促使了跨国银行的发展与国际金融中心的建立，这些都为国际金融市场增添了丰富的内容。目前，不少国家的金融业已成为离岸金融业或境外金融业而完全国际化。其次，促使以货币形式出现的资本遍布全球，如国际资本流动使以借贷形式和证券形式体现的国际资本大为发展，渗入世界经济发展的各个角落。最后，国际资本流动主体的多元化，使多种货币共同构成国际支付手段。目前，几个长期资本比较充裕的国家，其货币都比较坚挺，持有这些货币，意味着更广泛地在世界范围内实现购买力在国际间的转移或可更有选择余地地拥有清偿国际间的债权债务的手段。可见，这些都在不同程度上加深了货币信用的国际化。

第二节　中长期资金流动和债务危机

■ 知识点串讲

一、国际中长期资金流动对一国宏观经济的影响

（一）国际中长期资金流动的形式

国际中长期资本流动表现为国际直接投资、国际证券投资和国际中长期信贷，其中后两种为主要的表现方式。

国际直接投资包括以下三种形式：创建新企业、收购外国企业、

利润再投资。国际直接投资实际并不仅限于国际资本流动，它还包括企业的管理权限和方法、生产技术、市场营销渠道、专利权和商标等多种无形要素的转移。

国际证券投资包括国际债券投资和国际股票投资。

国际中长期信贷包括政府贷款、国际金融机构贷款、国际银行贷款、出口信贷等。

（二）国际中长期资金流动的利益

长期流动对资本输出国经济的积极作用：提高资本边际收益；有利于占领世界市场，促进商品和劳务的输出；有助于克服贸易保护壁垒；有利于提高国际地位。

长期流动对资本输入国经济的积极作用：缓和资金短缺的困难；提高工业化水平；扩大产品出口数量；增加新兴工业部门和第三产业的就业机会，缓解就业压力。

（三）生产性贷款和消费性贷款

当存在资金流动时，可以通过经常账户余额来调整一国的国民收入与国内吸收之间的差额。不考虑政府支出时，一国国内吸收主要由投资与消费构成，将国外资金运用到这两个不同的项目，就分别形成了生产性贷款与消费性贷款。

生产性贷款对宏观经济的影响：

①本国投资预期收益率高于世界市场利率，资金流入；

②本国预期投资收益率低于世界市场利率，资金流出。

消费性贷款对宏观经济的影响：

①推迟消费：预期未来的国民收入将会有所减少；

②提前消费：预期未来的国民收入将会有较为快速的增长。

二、债务危机

债务危机是指在国际借贷领域中大量负债，超过了借款者自身的清偿能力，造成无力还债或必须延期还债的现象。

生产性贷款导致债务危机的原因：

①资金借入时用的是浮动利率贷款，在贷款使用期间其利率大幅度上升超过投资收益率水平。

②从资金使用角度看，利用资金进行投资的实际收益率低于预期水平。

③资金市场运作中出现的低效率（资金借贷存在风险，需要有一定的控制风险措施）。

消费性贷款导致债务危机的原因：

①利用资金提前消费后，国民收入未能有预期地增长；

②利用资金未能熨平消费，而是加剧了消费的时间波动。

债务危机的影响：

①国内投资规模会大幅度地缩减；

②通货膨胀的程度会有所加剧；

③经济增长会减慢甚至停滞；

④社会后果比较严重，政治当局不稳定或者社会动乱。

■ 案例再现

欧洲债务危机

一、概述

全球三大评级公司下调希腊主权评级，希腊的债务危机随即愈演愈烈。比利时、西班牙等欧洲其他国家也开始陷入危机，希腊已非危机主角。德国等欧元区的龙头国都开始感受到危机的影响，整个欧元区正面对成立以来最严峻的考验。欧盟成员国财政部长达成了一项总额高达7 500亿欧元的稳定机制，避免危机蔓延。

二、演变

2009年12月全球三大评级公司下调希腊主权评级，希腊的债务危机随即愈演愈烈，但金融界认为希腊经济体系小，发生债务危机影响不会扩大。2009年12月8日，惠誉将希腊信贷评级由A－下调至BBB+，前景展望为负面。2009年12月15日，希腊发售20亿欧元国债。2009年12月16日，标准普尔将希腊的长期主权信用评级由"A－"下调为"BBB＋"。2009年12月22日，穆迪宣布将希腊主权评级从A1下调到A2，评级展望为负面。

欧洲其他国家也开始陷入危机，包括比利时这些外界认为较稳健的国家，及欧元区内经济实力较强的西班牙，都预报未来三年预算赤字居高不下，希腊已非危机主角，整个欧盟都受到债务危机困扰。2010年1月11日，穆迪警告葡萄牙若不采取有效措施控制赤字将调降该国债信用评级。2010年2月4日，西班牙财政部指出，西班牙2010年整体公共预算赤字恐将占GDP的9.8%。2010年2月5日，债务危机引发市场惶恐，西班牙股市当天急跌6%，创下15个月以来最大跌幅。

德国等欧元区的龙头国都开始感受到危机的影响，因为欧元大幅下跌，加上欧洲股市暴挫，整个欧元区正面对成立11年以来最严峻的考验，有评论家更推测欧元区最终会解体收场。2010年2月4日，德国预计2010年预算赤字占GDP的5.5%。2010年2月9日，欧元空头头寸已增至80亿美元，创历史最高纪录。2010年2月10日，巴克莱资本表示，美国银行业在希腊、爱尔兰、葡萄牙及西班牙的风险敞口达1 760亿美元。

希腊财政部长称，希腊在2010年5月19日之前需要约90亿欧元资金以度过危机。欧盟成员国财政部长10日凌晨达成了一项总额高达7 500亿欧元的稳定机制，避免危机蔓延。

2010年4月23日，希腊正式向欧盟与IMF申请援助。2010年5月3日，德国内阁批准224亿欧元援希计划。2010年5月10日，欧盟批准7 500亿欧元希腊援助计划，IMF可能提供2 500亿欧元资金救助希腊。

2010年9月7日，欧元区财长批准为希腊提供第二笔贷款，总额65亿欧元。

2011年6月29日，希腊议会通过了为期5年的财政紧缩方案，这为欧元区出台新一轮救助方案奠定了坚实的基础。

2011年10月26日到27日，欧盟各国领导人召开了21个月内的第14次危机峰会。延长一项价值1 300亿欧元的希腊最新援助计划。

2010年5月，欧元区成员国财政部长召开特别会议，决定启动希腊救助机制，和国际货币基金组织（IMF）一道在未来3年内为希腊提供总额为1 100亿欧元的贷款。

2010年10月，欧盟领导人通过经济治理改革方案，决定从强化财政纪律、加强经济政策协调和建立永久性危机应对机制等方面堵住债务危机所暴露出的欧元体制性漏洞。

2010年11月，爱尔兰政府正式请求欧盟和IMF提供救助。

2011年5月，欧元区财长同意和IMF一道向葡萄牙提供780亿欧元的援助贷款。

2011年10月，欧元区领导人达成一揽子协议，同意通过杠杆化扩大现有救助工具即欧洲金融稳定工具的规模。欧洲银行业同意将持有的希腊国债进行对半减记，这意味着银行等私人投资者将为减轻希腊债务负担贡献1 000亿欧元。欧洲主要银行的核心一级资本充足率需提高到9%。

2011年12月，标普将包括德国和法国在内的15个欧元区国家的主权信用评级列入负面观察名单。

2012年1月，标普宣布下调9个欧元区国家的长期信用评级，将法国和奥地利的3A主权信用评级下调一个级别至AA+。

2012年1月，标普宣布下调9个欧元区国家的长期信用评级，将法国和奥地利的3A主权信用评级下调一个级别至AA+。

2012年7月，欧盟峰会取得三大成果：欧洲稳定机制将可直接向银行注资，稳定机制可通过购买重债国国债来压低其融资成本，推出1 200亿欧元一揽子经济刺激计划。

2012年10月，欧洲稳定机制正式启动。

■ 案例解析

此次欧债危机对于中国有何影响呢？

一、欧债危机对外需的冲击

由于欧元区的经济复苏，外部需求下降，出口受到抑制这一点则是对我国经济冲击最直接的影响。不仅如此，欧债危机导致欧元持续贬值，人民币也因此被动升值，而且各国之间也有可能发生货币战争，美元、欧元、日元争相贬值，从而就会对人民币形成升值压力。与其他出口国家相比，这一举动从另一方面来看则对中国出口商品的价格产生了影响。我国出口商品的价格也就相对高昂，抑制了我国的出口。从企业这方面来看，来自浙江、珠三角地区的企业家们有的已经多多少少感受到了债务危机对他们产生的影响。对浙江的纺织服装企业来说，欧美市场一直是企业最大的出口目的地。随着危机的一步步蔓延，这些外贸企业的"脆弱性"逐渐暴露出来。欧债危机不仅给世界经济蒙上一层阴影，而且也间接地影响中国的对外贸易。我国出口受到的影响并非直接源于欧债危机，而是来自在危机中对美国和日本等我国主要对外贸易伙伴国家。

二、欧元的不稳定性，会影响我国储备资产安全

伴随着近几年中国外汇储备多元化，有很大一部分外汇储备投向了欧洲市场。在金融危机到来之前，全球经济仍享受着增长所带来的愉悦，欧元作为一种新的国际性货币，与美元相比同样也表现得十分强势，被视为有朝一日可能替代美元的强势货币。这些因素使得中国在外汇储备多元化的进程中自然而然地就将目光投向欧洲。金融危机爆发之后，中国加大了对欧洲的战略性投资，先后购买希腊、葡萄牙和西班牙的国债，资产种类从基础设施到金融资产。虽然目前中国持有的欧洲各"问题国家"国债和金融机构的资产有限，所受到的直接影响不大，但如果危机持续蔓延，中国面临的风险敞口势必扩大。相对于疲弱的美元、信用评级被降的美债，欧债更不能让人放心。

三、欧债危机也会为中国带来一些机遇

我们看问题不能只看到问题所带给我们的负面影响，还要看到它所带给我们的巨大机遇。一方面发达国家的企业陷入困境，恰恰正是我们去买技术、品牌或是了解渠道的良好时机；另一方面，通过此次危机的洗礼，欧元在国际储备货币中的份额必然会下降，人民币也可趁机提高其份额。何尝不是一种提高国际竞争力的机会？

■ 案例启示

通过以上案例，此次欧债危机对我国有哪些启示呢？

一、扩大内需，转变经济增长模式，提高国家的产业国际竞争力，增强经济的内生增长能力，不能完全走政府主导的投资拉动型经济发展模式。欧洲债务危机发生的根本原因是各国的经济增长乏力，国际产业竞争力下降。发生危机的国家经济基础薄弱，加入欧元区后又面临了更大的生存压力，在私人投资不旺的情况下，政府投资成为推动经济发展

的主力。不断提高自主创新能力，发掘推动经济发展的新的增长点。

二、扩大中央政府和地方政府的融资渠道，实现政府的收入和支出相匹配，不能高估外债与地方政府负债的承受能力。应高度重视政府债务问题，尤其是地方债务的问题，必须未雨绸缪，将风险遏制在萌芽状态。欧洲债务危机的本质原因就是政府的债务负担超过了自身的承受范围，而引起的违约风险。我国应尽快以立法形式加强对地方政府预算管理，增强透明度，合理控制政府债务规模，加强风险管理。

三、同时我国不能草率地建立或加入亚洲共同货币区。欧洲货币联盟规定，欧洲央行只对欧元货币，而非各成员国财政预算进行管理。欧盟只有动用货币政策工具，而无使用财政政策工具的权力，一旦出现债务危机，欧盟无以调动各国财政力量进行调控。欧元区这一分散的财政政策和统一的货币政策的矛盾，在几个不同版本的"亚元"即亚洲区域货币一体化方案中也同样存在，甚至更严重。

四、在改革和完善社会保障制度的同时，必须要注意避免走福利国家的过去所走过的路。目前我国正面临日益严峻的老龄化问题，除此之外，在配备完备的各项劳动法律法规，社会保障所覆盖的范围以及保障水平有了迅速的提升。从世界的角度来看，保障的标准以及水平多数情况下，只能往上涨不可以往下跌，否则就很容易引发社会动荡或者治安问题。所以社会保障的改革应秉承循序渐进的策略，注重扩大保障的覆盖面，努力消除保障水平和标准的不公平现象。

第三节　短期资金流动和货币危机

■ **知识点串讲**

一、短期资金流动

（一）短期资金流动概述

按照资金流动的不同动机，短期资金流动分为贸易性资金流动、金融性资金流动、保值性资金流动和投机性资金流动。

按照其性质，短期资金流动分为套利性资金流动、避险性资金流动和投机性资金流动。

影响国际短期资金流动的主要因素是短期内的投资收益与风险。

短期资金流动所具备的特点：①对经济的各种变动极为敏感，资金流动的反复性大，具有较强的投机性。②受心理预期因素的影响非常突出。

（二）短期资金流动的利弊

短期资金流动对国内经济的有利影响：能够调节暂时性的国际收支不平衡；有助于外汇汇率恢复均衡；使货币政策更加有效地执行；培育和繁荣金融市场的效果。

短期投机资本对世界经济产生的有利影响：推动经济和金融全球化的进程；对国际货币体系产生了影响（国际游资又可称为国际投机

资本，它是一种游离于本国经济实体之外，承担高度风险，追求高额利润，主要在他国金融市场做短期投机的资本组合。国际游资对布雷顿森林体系汇率安排的冲击，是此体系崩溃的重要原因之一。伴随着国际游资的迅速壮大，它又对当前的浮动汇率制度产生了巨大影响。国际游资对国际货币体系的另一个重要影响便是对国际收支调节机制也产生了重要影响）；增加了国际金融市场的流动性；降低了主体交易成本；提高了国际金融市场有效性；推动了国际金融市场尤其是衍生金融产品的发展；符合资金配置的动力要求，从而促进了资金在各国间的合理配置。

二、货币危机

（一）货币危机的概念

广义上来看，一国货币的汇率变动在短期内超过一定幅度（有学者认为是15%~20%），就可称为货币危机。狭义来说，主要发生于固定汇率制下，指市场参与者对一国的固定汇率失去信心的情况下，通过外汇市场进行抛售等操作导致该国固定汇率制度崩溃、外汇市场持续动荡的带有危机性质的事件。

货币危机与金融危机不同。货币危机的一个明显特征是本国货币的大幅度贬值。货币危机和金融危机既有区别也有联系。金融危机不仅仅表现为汇率波动，还包括股票市场和银行体系等金融市场上的价格波动，以及金融机构的经营困难与破产等。货币危机可以诱发金融危机，而由国内因素引起的一国金融危机也会导致货币危机的发生。

（二）货币危机的成因

货币危机有两个主要的原因，第一，经济基础变化带来的投机冲击所导致的货币危机。政府过度的扩张性财政货币政策导致经济基础恶化是引起对固定汇率的投机攻击从而爆发货币危机的最基本原因。

这个类型的货币危机具有如下特点：货币危机的成因是由于政府不合理的宏观政策引起的；发生机制上，投机冲击导致储备急剧下降为零是一般过程；在防范机制上，紧缩性财政货币政策是防止该类货币危机发生的关键。

第二，主要由心理预期带来的投机性冲击所导致的货币危机。例如，可能在没有实施扩张性的政策、外汇充足的情况下突然发生货币危机。由此原因导致的货币危机一般经历以下过程：投机者在本国货币市场上借入本币，之后在外汇市场上对本币进行抛售，持有外币资产，接着待本币贬值后再用外汇购回本币，归还本笔借款。

这种类型的货币危机具有如下特点：货币成因上主要是由于市场投机者的贬值预期心理造成的，与经济基本面无关，只要它的幅度足够大，就可以通过利率变动迫使政府放弃固定汇率制，导致经济危机。在发生机制上，政府为抵御投资冲击而持续提高利率直至最终放弃固定汇率制是这种货币危机发生的一般过程。

（三）货币危机的分类

货币危机可以分为如下三类：

由政府扩张性政策导致经济基本面恶化，从而发生因国际投机资金冲击所导致的货币危机。

在经济基本面比较健康时，主要由政治事件或者心理预期作用而带来国际投机资金冲击所引起的货币危机。

因为其他国家爆发的货币危机的传播而发生的货币危机。

（四）货币危机的传播

货币危机最容易传播到以下三类国家：①与货币危机发生国有较密切的贸易联系或者出口商存在竞争关系的国家；②与货币危机发生国存在着较为相近的经济结构、发展模式，特别是存在潜在的经济问题的国家；③过分依赖于国外资金流入的国家。

（五）货币危机的影响

①货币危机发生过程中出现的对经济的不利影响。

②货币危机容易诱发金融危机、经济危机乃至政治危机、社会危机。

③如果货币危机爆发原因不是扩张性的宏观政策所导致，而政府采取的紧缩性的财政货币政策（此措施是一国政府针对于货币危机爆发采取的最普遍的措施）会给本国经济带来不利的影响。

■ 案例再现

亚洲货币危机

一、概述

1997年1月，以索罗斯为首的国际炒家开始向觊觎已久的泰国货币发动攻击。他们认为泰铢定值偏高，因为与美元保持固定汇率的泰铢随美元一起升值，但是，泰国经济不仅没有随美国经济一起上升，而且呈现走下坡路的迹象，所以他们在5月大举沽售（低价出售）泰铢，致使泰铢兑美元汇率大幅度下跌。泰国央行和新加坡央行联手入市，动用120亿美元吸纳泰铢，禁止本地银行拆借资金给离岸投机者，并大幅度提高利率，暂时稳住了泰铢。但是，随着索罗斯之流继续筹集资金，狠抛泰铢，泰铢兑美元汇率又屡创新低。6月，投机者售出美国国债，聚集资金，再度向泰铢发动致命一击。6月30日，泰国总理川·立派发表电视讲话声称"泰铢不会贬值，泰国将让那些投机分子血本无归"。但是，泰国政府已经用完了300亿泰铢外汇储备，就在总理讲话两天之后，泰国放弃了盯住美元达13年之久的固定汇率制。泰铢当天重挫20%，泰国央行行长宣布辞职，8月5日有42家金融机构被关闭。菲律宾央行在索罗斯的狙击下也一周4次提高利率，放宽比索兑美元的幅度。马来西亚、印度尼西亚和新加坡的货币都遭受重创，全球性的金融动荡也由此开始了。

随着东南亚金融危机的蔓延和中国香港经济本身面临的困难，索罗斯他们认为，与美元保持联系汇率的港元也高估了，所以索罗斯等在1997年8月试探性地狙击港元。8月14日和8月15日，一些实力强大的投资基金进入香港汇市，用3个月和6个月的港元期货合约买入港元，然后迅速抛空，致使港元兑美元的汇率跌至7.75∶1这个心理关口。香港金融管理当局当即抽紧银根，扯高同业拆借利息，提高银行利率，促使银行交回多余的头寸。投机者面对坚壁清野之局和极高的借款成本，只能无功而返，8月20日港市终于恢复了暂时平静。没多久，索罗斯等再度采取全面立体的策略，先在期指市场上积累大量淡仓（做空），然后买进远期美元，卖出远期港元，大造声势，制造流言，待中国香港特区政府为对付港元的狙击而大幅度提高息口时，股票气氛转淡，人们担心利率大升而推低股市和楼市时，投机者乘机大沽期指，致使期指大跌，令期指跳水。10月同业拆借利息一度飙升300%，恒生指数和期指期货则应声倒地1 000多点。索罗斯等炒家平掉期指清仓而获得丰厚的利润，远远超过他们在汇市上的有限损失。香港特区政府动用大量的外汇储备吸纳港元，跳高利息，抽紧银根。经过一番激烈的对攻，加上内地减息，刺激内地股市上扬的配合，港股止跌回升，港元保卫战告一段落。

1998年10月，索罗斯等故技重演，明抛港元，暗打期指，其动用资金甚至比上年更多。沽售港元400亿~500亿，现货月期指成交量21 600张，未平仓合约上升至90 624张。其目的在挟持利率以压低期指。香港特区政府改变策略，投机家每卖出一盘港币，金管局即以美元买入，将港元对美元汇率稳定在7.75上，同业拆借利率仅上升2%~3%，最高达14%。恒生指数下跌有限，8月6日下跌212点，8月7日下跌236点，收市报7 018点。因为，股市和期指下跌有限，所以，投机家在此过程中输多赢少。中国香港特区政府进一步采取多种措施，如买进现货股票，把14日的6 600点的恒指推至26日的7 800点的水平，刺激了恒指期货的上升，阻止了炒家在期货市场上获利；又在恒指期货市场上与炒家直接对垒，承接他们的空头盘；要求基金经理不要向炒家借出股票，使得他们没有做空的股票来源；25日又在推高八月份指数期货的同时，拉低九月份指数期货，使两者现货的恒指差距扩大，迫使炒家高位结算八月份期指，在低位沽售九月份期指，加重他们的损失和风险；中国香港特区政府还趁炒家向银行借款进行股市结算之际，在25日提高短期同业拆借利率，增加炒家的借款成本；同时又出台了30条监管的规定等。在这种综合对策的作用下，致使索罗斯的损失估计达20亿美元之巨。

显然，索罗斯对英镑的挑战和对泰铢的打压，主要靠抛出英镑和泰铢，其盈利也主要通过这两种货币的贬值。而对港元的狙击则是布下了连环套，也就是说，如果港元汇率下跌，而利率不升，索罗斯可以从港元汇率的下跌中获利；如果港元汇率不跌，而利率上升，索罗斯就可以从恒指期指的下跌中获得利益。索罗斯的这种炒作手法的变化极大地提高了金融当局抵御风险的成本，因为，稳住汇率和利率要比仅仅稳住它们中的任何一个要动用的外汇大得多，而且随着索罗斯等可以支配的国际游资的规模的扩大，金融当局运用经济手段防范金融危机将变得越来越困难。此外，索罗斯挑战的都是实行固定汇率、经济运行状况不佳且汇率高估的货币（包括港元）。在固定汇率难以解除，经济波动导致汇率高估难以避免的情况下，金融管理当局只能强化行政立法手段，大幅度提高投机资本的交易成本，才能最大限度地防范金融危机的发生。

二、泰铢暴跌

在20世纪80年代至90年代期间，泰国作为亚洲最有活力的四小虎之一而崛起。1985～1995年间，泰国经济年均增长率为8.4%，而将每年的通货膨胀率保持在5%（相比较美国在此期间的经济增长率为1.3%，通货膨胀率为3.2%）。泰国经济增长主要是靠出口。例如，1990～1996年泰国出口值按复利计算每年增长16%。出口导向型的经济增长所创建的财富,促使泰国对商业用房和居民用房、工业资产和基础建设的大量投资。随着对房地产需求的增加,曼谷的商业用房和居民用房的价格急剧上升。这种情况导致泰国出现了以前从未有过的房地产繁荣。在曼谷,办公楼和公寓楼如雨后春笋般拔地而起,向银行拼命借债支持着建筑业。由于房地产价格不断提高,银行非常乐意贷款给房地产公司。

然而到1997年初,过度投资的热潮显然造成了商业用房和居民用房过剩。1996年末,估计曼谷有365 000套单元住房空置。而1997年还有10万套单元住房计划完工。泰国房地产市场由供不应求转变为供过于求。根据一项估计,1997年泰国房地产过热期间所造的商业用房和居民用房,至少可以满足以后5年的需求。同时泰国在基础设施、工业生产设备和商业房地产方面的投资以空前的速度进口了大量的外国商品。在建设基础设施、工厂和办公楼时,泰国从美国、欧洲和日本购买了生产设备和材料。最后的结果是,到20世纪90年代中期,泰国的国际收支经常项目出现了巨额逆差。尽管出口强劲,但是进口速度更快。到1995年,泰国的经常项目逆差已占其国内生产总值的8.1%。

到1997年2月5日,情况更加恶化,泰国的一家房地产开发商——宋普拉宋地产宣布它无法按期偿付一笔800亿美元欧洲债券的310万美元利息,实际上就是债务违约。在整个曼谷房地产市场中,宋普拉宋地产是投机性过度建房的第一个受害者。泰国的股票市场自1996年初的最高峰以来,已经下跌了45%,主要就是投资者担心有几家房地产公司会被迫破产。现在其中一个已成为事实。由于这个信息,股票市场又下跌2.7%,而这还仅仅是开始。随着宋普拉宋地产以及其他几家房地产开发商的债务违约,显然,该国的许多金融机构,包括第一金融(Finance One)也濒临债务违约。第一金融是泰国最大的金融机构,它首先发行美元债券,以后泰国其他金融机构纷纷效仿,所得款项又用于贷款给国内不断扩大投资的房地产开发商。从理论上讲,该行为是合理的,因为第一金融可以获取利率差价（即第一金融可以以低利率借来美元，以高利率借出泰铢）。现在该金融战略唯一的问题是，1996年和1997年泰国房地产市场开始破碎，而开发商们再也无法用现金偿付从第一金融借得的贷款。这使得第一金融难以将借款偿还债权人。到1996年房地产已明显过热，第一金融的不良贷款已经翻倍，到1997年第一季度再次翻倍。

1997年2月，第一金融的股票交易被中止，政府试图通过泰国中央银行的协助，由一家泰国小银行来收购该问题严重的企业。然而问题没能解决。在5月份第一金融的股票复牌时，一天中跌去70%。当时泰国房地产市场的不良贷款与日俱增，已经高达300亿美元。第一金融宣布破产，更令人担心的是其他公司将步其后尘。

就在这时，外汇交易商开始联合对泰铢发起进攻。从1996年末到1997年初，出现了几次试图使泰铢贬值的情况。这些投机性攻击通常表现为外汇交易商卖空泰铢，而从未来泰铢对美元汇率下跌中获利。在这种情况下，卖空涉及外汇交易商从金融机构借取泰铢，同时立刻在外汇市场出售以换取美元。理论上讲就是将来泰铢对美元汇率下跌，外汇交易商必须买回泰铢还给金融机构，那时他所花费的美元将少于最初卖出泰铢时所得到的美元。举例来说，一个交易商可以从银行借得为期六个月的100泰铢。交易商然后将100泰铢换成4美元（按1美元=25泰铢的汇率）。如果以后汇率下降到1美元=50泰铢，交易商6个月后只需2美元买回100泰铢付给银行，交易商就可得到100%的利润！

1997年5月，卖空的交易商全盯上了泰铢。为了保卫盯住汇率，泰国政府动用了外汇储备（全以美元标价）购买泰铢。泰国政府花费了50亿美元来保卫泰铢，从而将其外汇储备降低到"官方报道的"两年来最低的330亿美元。另外泰国政府还将主要利率从10%提高到12.5%以提高泰铢的吸引力；同时也提高了公司的借款成本，于是恶化了债务危机。国际金融界此时还不清楚的是，由于其上级的包容，泰国中央银行的一名外汇交易员已经在远期合约中锁定了泰国大部分外汇储备。现实的情况是泰国只有11.4亿美元的外汇储备可用来保卫盯住美元的汇率。因此，要想维持盯住汇率已不可能。

到1997年7月2日，泰国政府向不可避免的结果低头，宣布允许泰铢对美元自由浮动。泰铢汇率立即下跌18%，随之一路滑落，到1998年1月汇率跌到1美元=55泰铢。正当泰铢下跌时，泰国的债务炸弹爆炸了。泰铢对美元汇率下跌50%使泰国金融机构和企业承诺的以美元计价的债务猛增一倍，于是导致更多的企业破产，衰弱的泰国股市也进一步下跌。泰国股票SET指数最终从1997年1月的787点跌到当年12月的337点，而这还是在1996年下降45%的基础上计算的！

■ 案例解析

反思危机的原因主要有以下几方面：

我们来谈谈泰铢的暴跌事件，虽然起因是因为索罗斯对泰铢的狙击，但是从长远来考虑，是由于两个原因造成了货币危机。

第一，投资项目过于单一，以至于后来造成巨额债务无法偿还。泰国长期对商业用房和居民用房、工业资产和基础建设的大量投资，而且泰国的银行非常乐意贷款给房地产公司。在长期投资后，空房闲置最后达到一种供大于求的景象，造成价格下跌，同时泰国在基础设施、工业生产设备和商业房地产方面的投资以空前的速度进口了大量的外国商品。在建设基础设施、工厂和办公楼时，泰国从美国、欧洲和日本购买了生产设备和材料。最后的结果是，到20世纪90年代中期，泰国的国际收支经常项目出现了巨额逆差。到1997年2月5日，情况更加恶化，开始出现债务违约的情况。凡事只要有人开了先例，就会有不断的相似的事情发生。债务违约的情况也就频频发生，慢慢地也有一些金融机构出现了违约风险。泰国的第一大金融机构出现了债务违约，且不良贷款持续翻倍直至最后宣布破产。

第二，泰铢之所以被攻击的直接原因可能是因为外汇交易商认为泰铢被高估，于是联合起来打压泰铢。亚洲国家大多都属于外向型经济，从20世纪70年代末起一直实行与以美元为主的一篮子货币挂钩的固定汇率制（布雷顿森林体系，双挂钩）。固定汇率制度虽然稳定了进出口的价格水平，便于外贸厂商的生产安排等，然而汇率的基础是各国的经济发展水平，当本国的经济发展与货币挂钩的国家发生背离的时候，本币就会出现被低估或者高估的情况。过去十几年以来，泰铢一直按1美元=25泰铢的汇率盯住美元。然而这种盯住汇率越来越难以维持。外汇交易商注意到泰国经常项目逆差不断上升，美元债务负担持续增长，得出的结论是，在泰国美元需求会增加，而泰铢的需求会下降。同时这也是对固定汇率制度的一种打压。

■ 案例启示

通过上述案例，我们对汇率制度可能有最深的印象。我们会不断地对自己提问：汇率制度的变更是否可以避免或者减缓货币危机？至少可以缓解索罗斯的狙击？

之所以导致各国货币大幅度贬值最后造成了亚洲货币危机，其实这些影响的导火索都是外汇商认为某国货币被高估，而且这些国家普遍都采用的是固定汇率制度。我们也都比较清楚，汇率制度的优点是比较稳定，但是这一优点也恰恰成为了外汇商们也就是投机者们所看重的。人们开始大幅度地冲击固定汇率制度，这些国家也最终抵不过投机者们的狙击，变更了本国的汇率制度。之所以这些国家选择放弃固定汇率制度反过来选择采用之前没有选择的浮动汇率制度，原因在于寻求一种在内部与外部之间的平衡或是均衡，将注意力放在内部均衡上，而将外部均衡的平衡完全决定于市场汇率的变化幅度。

从固定汇率制度到浮动汇率制度这一过程中，亚洲国家也深受货币贬值所带来的消极影响中，然而货币的贬值并不是一无是处，也带来了一系列积极的影响。

货币的贬值刺激了出口，抑制了进口，从而导致贸易赤字不断地变小。由于J曲线效应以及危机的冲击，货币贬值的效果在危机后的一年内虽然还不太明显，但是从1999年后，亚洲的经济开始普遍回温，出口下降的速度不但有所减缓，反而还出现了增长。另外，货币贬值也在一定程度上减缓了汇率被高估的压力，使得投机者的投机机会减少，也减少了外汇储备的流失。

但并不是说，实行浮动汇率制度就不对其进行监管。各国应该做到既能使得汇率制度更加富有弹性，又能保持管理当局对汇率水平的主动权。比如说，泰国中央银行后来就将其汇率制度定位在"有管理的市场自由浮动汇率制度"，而非仅仅"完全由市场调节的浮动汇率制度"。

■ 思考题

1. 货币危机或者债务危机是体现这一阶段经济发展出现问题而产生的危机。这句话对吗？如果这句话对的话，那这些危机是不是就不可避免呢？

2. 浮动汇率制度与固定汇率制度相比，是不是浮动汇率制度更胜一筹，更符合当今的经济发展？

3. 利率手段在货币危机中起什么作用？其作用机制跟效果又是什么？

■ 参考答案

1. 货币危机或者债务危机的发生可能是因为这一阶段经济发展出

现问题，但是如果说货币危机以及债务危机的发生仅仅是因为经济发展出现了问题，这句话就不正确了。债务危机的发生除了债务的使用没有得到高效利用外，还有世界经济衰退以及汇率或者利率原因。还可能是因为政治当局的动荡等政治原因。货币危机除了经济基础变化带来的投机冲击所导致的货币危机，还存在心理预期带来的投机性冲击所导致的货币危机。例如：可能在没有实施扩张性的政策、外汇充足的情况下突然发生货币危机。危机是不可避免的，随着人们思想的不断进步，人们对追求美好生活的意愿也就越强烈，也就会不断地冲击之前的经济制度等，在不断冲击经济制度的过程中，危机必然会发生。

2. 不论浮动的汇率制度还是固定的汇率制度，进行自我比较的时候没有更胜一筹之说。只有哪个制度更加符合一个国家的制度之说。随着经济的开放程度以及发展程度的逐渐放开，浮动汇率制度可能更加符合当今的经济发展，因为浮动汇率制有很强的灵活性。当一国的国际收支出现失衡，浮动汇率制下的自动调节机制会使汇率自动进行调整，增加了本国经济政策的自主性，还能够抵御国外经济波动对本国经济的冲击以及在浮动汇率制下一国无须保有太多的外汇储备，减少了持有外汇储备的机会成本。但是这并不是说固定汇率制度不好，固定汇率制度很稳定也很可信。因此，浮动汇率制度与固定汇率制度没有谁更胜一筹的说法。

3. 抑制本国资金流出，流入海外。就比如说英国与美国这两个国家，由于英镑的利率较低，美元的利率较高，大部分人就会选择将英镑兑换成美元，将资金流入美国，资金就会对应地流出英国，会引发货币危机。然而英国政府想要留住这些外流的资金，就必须调高利率，造成资金回流。其作用机制更像是套补的利率平价，想要利用利率的改变，对资金的流入流出进行一定的影响。运用利率手段，积极的作用在于，资本更愿意留在国内，甚至可能会吸引境外资本来本国投资；外汇市场上本币供不应求，汇率会下降，本币升值。在一定程度上可以防止货币危机，防止本币过度贬值。同时也有一定的消极作用，采取利率手段后，利率提升，国内企业的融资成本大幅提升，不愿意贷款并扩大再生产，所以本国经济紧缩，产出下降，对国内经济增长有负面作用。

综合来看，这是个暂时缓解的好办法，短期利好外汇市场，中长期导致本国经济受损，所以不能长期施行，只能救急，不能救穷。

第五章

政策目标和政策工具

■ 本章学习目标

1. 掌握外部均衡的目标及外部均衡的标准。

2. 掌握内外均衡的相互关系。

3. 熟悉政策工具的类别。

第一节 政策目标

一、政策目标

开放条件下的政策目标是实现内部均衡和外部均衡。内部均衡包括：（1）充分就业；（2）物价稳定；（3）经济增长。外部均衡包括：国际收支均衡。

这一政策目标有以下几个要点：（1）封闭条件下的政策目标只包括内部均衡，开放经济下的政策目标还包括了外部均衡；（2）国际收支均衡和内部均衡的三个目标之间有密切的关系，它们相互影响，共同作用；（3）经济增长作为一个长期任务，而且越来越多的发达国家强调通过市场机制的自动调控来实现经济增长，所以，内部均衡暂不考虑这一目标，而定义为国民经济处于无通货膨胀下的充分就业状态；（4）外部均衡的内涵经历了不同的变化。布雷顿森林体系下外部均衡通常被看作经常账户的平衡，20世纪70年代以来外部均衡被看作总差额的平衡，20世纪80年代以来外部均衡意味着国际收支结构的合理，现在外部均衡定义为与一国宏观经济相适应的经常账户余额的平衡。

二、外部均衡的标准

（一）经济理性

（1）时间偏好差异

偏好即期消费的国家在当期应追求的经常账户余额为赤字，而偏好未来消费的国家在当期应追求的经常账户余额为盈余。

（2）资本边际生产率的差异

当各国资本边际生产率存在差异时，资本边际生产率高的国家应追求的经常账户余额为赤字，而资本边际生产率低的国家应追求的经常账户余额为盈余。

注意：

（1）上述分析以资金可完全流动为前提；

（2）上述分析假定投资收益率高于利率时就可以借入资金。

（二）可维持性

可维持性即一国经常账户为赤字（资本与金融账户为盈余）时，资金流入形成的债务必须在将来偿还，也就是跨时期的预算约束。它要求一定时期内的经常账户赤字必须通过以后的经常账户盈余来弥补。

有助于判断可维持性的两个方法：

（1）分析资金流入的具体情况，包括资金流入的性质和结构等；

（2）分析债务比率指标。例如对外债务余额与GNP的比例不超过8%，偿债率不超过20%，负债率不超过100%，中短期债务比率不超过25%等。

三、内外均衡的冲突，即米德冲突

英国经济学家詹姆斯·米德于1951年在其名著《国际收支》中最早提出了固定汇率制下的内外均衡冲突问题。

内外均衡的冲突有两种情形，第一种是经济衰退（失业增加）与经常账户逆差，第二种是经济通货膨胀与经常账户盈余。以第一种情形为例，经济衰退时，为实现内部均衡，政府采取积极的政策来实现社会总需求的增加，这会使得进口支出增加，加大了经常账户的赤字，从而发生了内外均衡的冲突。

■ 案例再现

2010—2016年中国国际收支

表5-1展现了2010—2016年中国国际收支平衡表（摘要）。请据此分析中国的国际收支顺差的合理性。

表 5-1　2016 年中国国际收支平衡表（摘要）

中国国际收支平衡表（年度表）

单位：亿元人民币

项　　目	2010	2011	2012	2013	2014	2015	2016
1. 经常账户	16 043	8 736	13 602	9 190	14 516	18 950	12 961
贷方	125 015	142 541	151 074	160 568	168 534	163 213	163 214
借方	-108 972	-133 805	-137 472	-151 378	-154 018	-144 262	-150 253
1.A 货物和服务	15 057	11 688	14 636	14 552	13 611	22 346	16 585
贷方	112 036	129 637	137 298	145 865	151 302	147 099	146 177
借方	-96 979	-117 948	-122 662	-131 312	-137 691	-124 753	-129 592
1.A.a 货物	16 077	14 710	19 670	22 205	26 739	35 941	32 832
贷方	99 972	116 650	124 574	133 047	137 840	133 551	132 324
借方	-83 895	-101 939	-104 904	-110 842	-111 101	-97 610	-99 492
1.A.b 服务	-1 020	-3 022	-5 034	-7 653	-13 128	-13 594	-16 247
贷方	12 064	12 987	12 724	12 817	13 462	13 548	13 853
借方	-13 084	-16 009	-17 758	-20 470	-26 590	-27 142	-30 100
1.B 初次收入	-1 765	-4 547	-1 251	-4 822	817	-2 602	-2 987
贷方	9 630	9 314	10 547	11 411	14 706	13 877	14 987
借方	-11 395	-13 861	-11 797	-16 233	-13 889	-16 479	-17 974

续表

中国国际收支平衡表（年度表）

项　　目	2010	2011	2012	2013	2014	2015	2016
1.C 二次收入	2 751	1 595	217	-540	88	-794	-637
贷方	3 349	3 590	3 230	3 292	2 525	2 236	2 050
借方	-598	-1 996	-3 013	-3 832	-2 437	-3 030	-2 687
2. 资本和金融账户	-12 488	-7 893	-8 107	-5 331	-10 394	-5 653	1 865
2.1 资本账户	314	352	270	190	-2	19	-23
贷方	326	363	287	276	119	32	21
借方	-13	-11	-18	-86	-121	-12	-44
2.2 金融账户	-12 802	-8 246	-8 376	-5 522	-10 392	-5 672	1 888
资产	-44 178	-39 763	-25 210	-40 377	-35 657	773	-14 467
负债	31 376	31 518	16 833	34 856	25 265	-6 445	16 355
2.2.1 非储备性质的金融账户	19 030	16 985	-2 289	21 227	-3 182	-27 209	-27 733
资产	-12 346	-14 533	-19 123	-13 628	-28 448	-20 764	-44 089
负债	31 376	31 518	16 833	34 856	25 265	-6 445	16 355
2.2.1.1 直接投资	12 569	14 983	11 121	13 473	8 899	4 174	-2 984
2.2.1.1.1 资产	-3 908	-3 115	-4 100	-4 522	-7 566	-10 932	-14 374
2.2.1.1.2 负债	16 477	18 099	15 221	17 996	16 465	15 106	11 390
2.2.1.2 证券投资	1 605	1 264	3 013	3 267	5 062	-4 162	-4 132

续表

中国国际收支平衡表（年度表）

项　目	2010	2011	2012	2013	2014	2015	2016
2.2.1.2.1 资产	-521	398	-406	-335	-665	-4 528	-6 900
2.2.1.2.2 负债	2 126	866	3 419	3 603	5 727	367	2 768
2.2.1.3 金融衍生工具	0	0	0	0	0	-130	-310
2.2.1.3.1 资产	0	0	0	0	0	-211	-456
2.2.1.3.2 负债	0	0	0	0	0	81	146
2.2.1.4 其他投资	4 856	738	-16 424	4 486	-17 143	-27 091	-20 307
2.2.1.4.1 资产	-7 917	-11 815	-14 617	-8 771	-20 217	-5 092	-22 359
2.2.1.4.2 负债	12 773	12 553	-1 807	13 257	3 074	-21 999	2 052
2.2.2 储备资产	-31 831	-25 231	-6 087	-26 749	-7 209	21 537	2 9621
2.2.2.1 货币黄金	0	0	0	0	0	0	0
2.2.2.2 特别提款权	-7	30	32	13	4	-17	22
2.2.2.3 在国际货币基金组织的储备头寸	-141	-226	102	69	60	56	-348
2.2.2.4 外汇储备	-31 683	-25 035	-6 221	-26 830	-7 273	21 498	29 947
2.2.2.5 其他储备资产	0	0	0	0	0	0	0
3. 净误差与遗漏	-3 555	-842	-5 495	-3 859	-4 122	-13 298	-14 826

资料来源：外汇局网站，http://www.safe.gov.cn/wps/portal/sy/tjsj_szphb。

■ **案例解析**

一、中国国际收支概况

2010—2016年，中国经常账户始终保持顺差状态。2016年依然为顺差，但与2014年和2015年相比，顺差规模有所收缩。2016年经常账户余额为12 961亿元人民币，与2015年相比下降约31.6%。

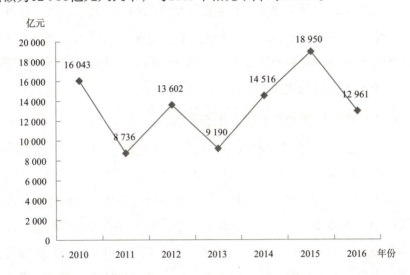

数据来源：根据外汇局网站数据整理。

图 5-1　2010—2016 年经常账户余额

中国的资本与金融账户在2010—2015年为逆差，且总体趋势数额逐渐减小，2016年首次显示为顺差。2016年中国的资本与金融账户余额为1 865亿元人民币。主要原因是中国增持了较多外汇储备，储备资产中的外汇储备增加弥补了资本与金融账户其他项目的逆差。

二、中国双顺差的合理性

（一）经常账户顺差的主要原因

第一，出口鼓励政策。鼓励出口是中国发展外经贸关系一贯实施的政策。除了传统出口退税、出口信贷和信用保险的出口支持政策外，在加入世界贸易组织后，政府各部门推出了一系列改革措施，促进贸易便利化。新的贸易协调机制使中国的谈判能力得到了提升，贸易伙伴对中国许多优势产品配额的限制逐步放宽，扩大了中国的出口空间。

第二，发达国家对中国进口产品的限制。发达国家往往出于保护国内弱势产业和某些政治目的，鼓励自己处于比较弱势的产品出口，如粮食和纺织品；而为了防止发展中国家赶超，限制一些高新技术产品的出口。而中国现阶段主要是对技术密集型产品的进口需求较大，国外的限制使中国非自愿地增大了贸易顺差，而且这种管制的情况随着中国经济发展势头的不断走强而更加严重，例如中国威胁论，一定程度上影响了发达国家对中国的贸易出口政策。

（二）资本与金融账户顺差的合理性

第一，积极引进外资的政策。近年来中国加大引进外资的力度，外国直接投资额大幅度提高。2010—2016年间，中国引进外国直接投资额逐年上升，到2016年为14 374亿元。而相应的2010—2016年对外直接投资额稳定在15 000亿元人民币左右，并且还有逐渐减少的趋势。证券投资、金融衍生工具和其他投资差额表现为逆差，可见外国直接投资是中国资本和金融账户顺差的主要来源。这一情况与韩国和新加坡资本与金融账户顺差的原因十分类似。

第二，世界经济全球化的迅速发展。随着世界各国经济的联系不断紧密，本来属于各国国内的资源在全球范围内流动，以求得更优化配置，因此发达国家和新兴工业化国家在进行产业结构调整的过程中，会出现一些产业和产品向国外的转移。而中国为了适应国际形势的发展，不断加大对外开放的步伐，同时具有廉价的劳动力成本、日趋完善的基础设施和优惠的法律和政策，逐渐成为国际制造产业转移的一个主要目的地。大量的资本流入不仅是国内经济发展的结果，也是国际间经济融合和世界性产业转移的必然结果，而外国直接投资的发展也会促进出口的增长，尤其是近几年，外商投资企业已跃升为中国外贸发展的主力。

■ **案例启示**

从案例可以看出，国际收支账户反映了一国对外经济交往状况的基本资料。国际收支均衡是与一国宏观经济相适应的经常账户余额的均衡。经常账户反映了进出口的信息，资本与金融账户反映了资金流动的信息。在2010—2016年内，中国经常账户大多顺差，反映了中国产品较强的国际竞争力、对外经济联系开放程度扩大和国际经济地位提高等良好势头，是国内经济持续、快速、健康发展的直接反映；资本与金融账户大多顺差，反映了世界资本对中国经济增长的看好，表示了一国在一定时期的内外经济交往过程中持有国外资产的增加，是国际收支处于有利地位的综合表现。中国双顺差具有一定的合理性，"双顺差"的出现和持续是国民经济宏观调控对经济增长等目标进行选择的结果，是一系列宏观经济政策的必然产物，是国民经济内外均衡相互作用的集中体现。

第二节　政策工具

■ **知识点串讲**

一、政策工具的分类

1. 调节社会总需求的工具

（1）支出增减政策：财政政策、货币政策。财政政策包括财政收入政策、财政支出政策、政府公债政策等。货币政策包括政府的公开市场业务、再贴现政策、调节法定准备金率等。

（2）支出转换政策：汇率政策、直接管制政策。汇率政策是通过确定合理的汇率制度和汇率水平，来调节宏观经济。直接管制政策是政府对经济交易实施的直接行政管制，包括国内商品的价格管制、外汇兑换管制、汇率管制等。

2. 调节社会总供给的工具（结构政策）

调节社会总供给的工具是通过调节一国的经济结构和产业结构，提高产品质量，降低生产成本，从根本上增强社会产品的供给能力。

3. 提供融资的工具（融资政策）

提供融资的工具主要是国际储备政策，即通过调节国际储备的结构和构成，来为本国国内经济提供融资。

二、丁伯根原则

荷兰经济学家丁伯根最早提出了将政策目标和政策工具联系在一起的模型，即要实现N个独立的经济目标，必须具备N个有效的政策工具。

在开放经济条件下，只运用支出增减政策来同时达到内部均衡和外部均衡两个目标是无法实现的，必须增加新的政策工具搭配进行。

三、有效市场分类原则

蒙代尔提出了有效市场分类原则。其含义是：分散决策下，每一政策目标应指派给在影响这一目标上具有相对优势的政策工具，即对每个目标采取最有效的政策。

四、政策搭配

蒙代尔提出，针对不同的经济状况，财政政策和货币政策分别针对国内经济运行的问题（失业/通货膨胀）和国际经济运行出现的问题

（国际收支逆差/顺差），进行搭配调节，从而达到政策目标（见表5-2）。

表 5-2　财政政策和货币政策的搭配

经济状况	财政政策	货币政策
失业 / 国际收支逆差	扩张	紧缩
通货膨胀 / 国际收支顺差	紧缩	紧缩
通货膨胀 / 国际收支顺差	紧缩	扩张
失业 / 国际收支逆差	扩张	扩张

斯旺提出，针对不同的经济状况，支出增减政策和支出转换政策分别针对国内经济运行的问题（失业/通货膨胀）和国际经济运行出现的问题（国际收支逆差/顺差），进行搭配调节，从而达到政策目标（见表5-3）。

表 5-3　支出转换政策和支出增减政策的搭配

经济状况	支出增减政策	支出转换政策
通货膨胀 / 国际收支顺差	紧缩	贬值
通货膨胀 / 国际收支顺差	扩张	贬值
失业 / 国际收支逆差	扩张	升值
失业 / 国际收支逆差	紧缩	升值

■ 案例再现

党的十八大以来宏观调控的六大新思路[①]

党的十八大以来，我国经济实现平稳较快发展，取得了巨大成就。在世界经济整体低迷、国际金融危机阴霾未散的大背景下，我国经济发

[①] 资料来源：刘伟，陈彦斌. 党的十八大以来宏观调控的六大新思路 [OL]. 人民网，2017-03-01.

展成就来之不易。之所以能够取得如此巨大的成就，是因为在以习近平同志为核心的党中央坚强领导下，我们做出了中国经济发展进入新常态的重大判断，把认识、把握、引领新常态作为当前和今后一个时期做好经济工作的大逻辑，初步确立了适应经济发展新常态的经济政策框架。特别是在新发展理念的指导下，我国不断创新和完善宏观调控，大大增强了宏观调控的前瞻性、科学性、有效性，促进了经济平稳运行和结构转型升级，保障和推动了我国经济平稳健康发展。具体而言，党的十八大以来，面对国内国际多种严峻挑战，针对我国经济发展的新形势新特点新问题，以习近平同志为核心的党中央形成了宏观调控的六大新思路。

第一，提出区间调控的新思路。党的十八大以前，我国多次明确提出"保8""保7"等经济增长目标。以2016年为例，《政府工作报告》将增长区间设定为"国内生产总值增长6.5%~7%"，这符合我国经济的基本情况。就区间下限而言，要实现第一个百年奋斗目标，即到2020年实现全面建成小康社会宏伟目标，使国内生产总值和城乡居民人均收入比2010年翻一番，2016—2020年我国经济平均增速至少应达到6.5%。考虑到经济发展新常态下我国经济增速从高速向中高速转变，将2016年经济增长区间的下限设定为6.5%是必要的。就区间上限而言，研究表明，2016年我国潜在经济增速为7%左右，在世界上仍然处于较高水平，因此将经济增长区间的上限设定为7%，既与潜在增速相适应，又明确传达了宏观调控政策不会对经济进行过度刺激的信号。

第二，提出采用微刺激政策应对经济下行压力的新思路。党的十八大以来的宏观调控与2008年第四季度和2009年的强刺激有着明显不同，具有预调、微调、适时适度调节的特点，可称之为微刺激。之所以用微刺激取代强刺激，是因为强刺激如果长期持续下去，会带来较大的负面影响，不利于调结构、促改革，特别是会带来产能过剩加剧和环境污染加重等不良后果。有鉴于此，党的十八大以来，我国开始采用微刺激应对经济下行压力。例如，2014年第一季度，我国经济增速下行到7.4%。这时就出台了多项微刺激政策，包括增加中西部铁路建设投资、加快棚户区改造、加大对小微企业减税力度等，取得了良好效果，2014年第二季度经济增速恢复到7.5%，防止了经济进一步下滑。2014年的中央经济工作会议进而明确提出：创新宏观调控思路和方式，有针对性进行预调微调。

第三，提出更加注重定向调控的新思路。党的十八大以来，我国在区间调控的基础上进一步实施定向调控，其目的在于抓住经济发展中的突出矛盾和结构性问题，定向施策、精准发力，从而更加有效地"激活力、补短板、强实体"。就货币政策而言，央行多次采取定向降准和定向再贷款等操作，力图为小微企业和"三农"提供必要的资金支持。仅仅在2014年，央行就于4月和6月两次实施针对小微企业和"三农"的定向降准操作，并于3月和8月各增加支农再贷款200亿元。在定向货币政策的支持下，2014年面向小微企业和"三农"的贷款增速比各项贷款平均增速分别高出4.2个和0.7个百分点，补短板成效显著。就财政政策而言，财政部多次实行定向减税，拓宽小微企业税收优惠范围，为小微企业减负。据估算，2014年通过定向减税政策为小微企业减税的规模达到1 000亿元左右。

第四，提出加强预期引导的新思路。党的十八大以来，我国对预期引导更加重视。"十三五"规划纲要明确提出，"改善与市场的沟通，增强可预期性和透明度"。2014年、2015年、2016年的中央经济工作会议都强调要更加注重引导社会预期。2016年，我国对部分热点城市房价泡沫风险的预期引导就是一个典型案例。国际经验表明，如果任由房价泡沫化发展，很可能引发"债务—通缩"的严重后果，美国大萧条、日本大衰退和2008年国际金融危机等都与房价泡沫的形成和破灭密切相关。因此，2016年7月和10月的中央政治局会议都明确提出要"抑制资产泡沫"，银监会等相关部门随即采取了加强宏观审慎管理等有针对性的措施。目前，针对房价的预期引导已初见成效，较好地抑制了房价上涨预期。

第五，提出宏观调控政策体系以财政政策、货币政策为主的新思路。在我国，宏观调控政策除了财政政策和货币政策，还包括产业政策和土地政策等。党的十八大以前，我们并未区分各类政策之间的主次关系。例如，"十二五"规划纲要的相关表述是"加强财政、货币、投资、产业、土地等各项政策协调配合"。党的十八大以来，党中央更加强调财政政策和货币政策在宏观调控中的主体地位；党的十八届三中全会指出，健全"以财政政策和货币政策为主要手段的宏观调控体系"；"十三五"规划纲要也要求，"完善以财政政策、货币政策为主，产业政策、区域政策、投资政策、消费政策、价格政策协调配合的政策体系"。

第六，提出供给管理与需求管理相结合的新思路。自2015年11月以来，习近平同志在中央财经领导小组会议和中央经济工作会议上多次提及推进供给侧结构性改革。"十三五"规划纲要提出，"在适度扩大总需求的同时，着力推进供给侧结构性改革"。之所以强调推进供给侧结构性改革，主要有如下几点考虑：其一，我国经济运行面临突出矛盾和问题的根源是重大结构性失衡，必须从供给侧结构改革上想办法，努力实现供求关系的动态均衡。其二，供给侧结构性改革能够厘清政府与市场的关系，减少政府的不当干预，让市场在资源配置中起决定性作用，从而有效破解产能过剩难题。其三，供给侧结构性改革能够消除教育、医疗等领域的市场进入壁垒，增加高品质民生产品和服务的有效供给。其四，供给侧结构性改革不仅能够使信贷资金等宝贵资源更加有效地配置给高效率的企业，而且能够促进产业结构升级，催生新的经济增长点，进而提高潜在经济增长率。

■ 案例解析

实现我国经济持续健康发展，宏观调控这只"看得见的手"功不可没；新常态下，宏观调控依然大有作为。以习近平同志为核心的党中央，从国内国外两个经济发展大局的发展规律出发，熟练运用宏观调控的手段，创新实施"区间＋定向＋相机"三重奏的宏观调控方式，激活力、补短板、强实体，为中国经济释放出巨大的创新效应。党的十八大以来，我国经济的健康平稳发展，以习近平同志为核心的党中央形成了宏观调控的六大新思路。

一、区间调控。区间调控是指划定经济"上下限"，不再单纯盯住调控的终极目标，而是关注调控目标在合理区间内的变动，只要调控目标的变动不超过设定的区间，就已达到了调控的目的。区间调控的核心是稳增长。保持经济运行在合理区间，是适应经济新常态的新思路，也是我国经济平稳发展的现实表现。

二、微刺激政策应对经济下行压力。相对于强刺激虽短时见效快但长期运行效果不好的特点，微刺激具有预调、微调、适时适度调节的特点，更加注重经济的可持续发展，坚持宏观政策要稳定运行，保持定力，避免了对经济的过度干预。

三、定向调控。定向调控是指通过针对不同调控领域、不同调控对象，制定清晰明确、针对性强的调控政策，使预调微调和必要的"先手棋"更加有的放矢，精准发力。定向调控的核心是调结构。通过有针对性地支持经济中相对薄弱的环节，避免了总量调控方式下，较高收益、较低风险的优势领域吸引大量资源集聚，而薄弱环节难以获得充分支持的问题，从而有效促进经济结构的调整优化。

四、加强预期引导。通过改变市场预期，引导公众做出合理的经济选择，预期引导可以在短时间内迅速提高政策的有效性，比如可以缓解货币政策的时滞问题。针对我国货币政策预期引导，政府应该提高货币政策的透明度，转变调控结构，增强对经济运行的把握和预期，从而充分发挥预期引导的低成本、高效率的优势。

五、宏观调控政策体系以财政政策、货币政策为主。区分政策之间的主次关系，更加强调财政政策和货币政策的主要地位，而其他政策适时加以辅助，共同发挥作用。原因是相较其他政策，财政政策和货币政策始终作为世界各国进行宏观调控的两大主要政策工具，具有不可替代的地位和一定的优势，有助于提高宏观调控的效率，简化政策实施的繁杂程度，充分发挥宏观调控的灵活、迅速的特点。

六、供给管理与需求管理相结合。供给管理方面，"十三五"以来的供给侧结构性改革发挥了重要作用。供给侧结构性改革属于结构宏观调控中的结构政策，通过改变经济结构、提高有效供给，从而实现长期经济增长。而需求管理更注重调节短期经济水平，通过对经济波动进行逆周期调节，减少波动幅度，实现短期经济平稳增长。供给管理和需求管理二者相辅相成，共同实现宏观调控的维稳目标。

■ 案例启示

政府为了实现充分就业、物价稳定、国际收支均衡和经济增长的政策目标，需要通过一系列政策工具，其中有央行采取的货币政策，财政部采取的财政政策，另外还有与中国国情相适应的一系列政策工具。这说明，实践过程中要结合实际灵活应用理论，具体情况具体分析；中国实行的是有中国特色的社会主义市场经济，在这一前提下，政府通过多个部门采取多种政策工具进行宏观调控，形成了有中国特色的宏观调控。

第六章

支出增减政策

本章学习目标

1．了解财政政策和货币政策。

2．掌握短期蒙代尔—弗莱明模型。

3．掌握不可能三角。

■ 知识点串讲

一、财政政策概述

财政政策是指国家根据一定时期政治、经济、社会发展的任务而规定的财政工作的指导原则，通过财政支出与税收政策的变动来影响和调节总需求进而影响就业和国民收入的政策。财政政策工具主要包括：

1. 政府支出。主要分为政府购买和转移支付。政府购买增加，国民收入增加，社会总需求增加。转移支付是政府将收入在不同社会成员之间的再分配。

2. 政府收入。主要分为税收和国债。税收是政府收入的主要部分。政府的税收增加时，国民收入相应减少，社会总需求减少。国债是政府发行的债券，政府增发国债，使得社会上的资金流入政府，属于积极的财政政策。

二、货币政策概述

货币政策是指中央银行为实现既定的目标，运用各种工具调节货币供应量来调节市场利率，通过市场利率的变化来影响民间的资本投资，影响总需求来影响宏观经济运行的各种方针措施。

调节总需求的货币政策的三大工具为：

1. 法定准备金率。若央行采取紧缩政策，提高法定准备金率，则限制了存款货币银行的信用扩张能力，降低了货币乘数，最终收缩货币供应量和信贷量。

2. 公开市场业务。即中央银行公开买卖债券等的业务活动。中央银行在公开市场开展证券交易活动，其目的在于调控基础货币，进而影响货币供应量和市场利率。央行买入债券时，货币供应量增加，是积极的货币政策。

3. 再贴现政策。再贴现政策的基本内容是中央银行根据政策需要调整再贴现率。当中央银行提高再贴现率时，存款货币银行借入资金的成本上升，基础货币得到收缩。

三、短期蒙代尔—弗莱明模型

该模型有以下几个要点：（1）创立于20世纪60年代；（2）以资金完全流动为前提，针对小国情况；（3）被称为开放经济宏观分析的"工作母机"。

（一）固定汇率制下的货币政策与财政政策效果分析

1. 货币政策：完全失灵。

在市场利率机制作用下，若一国实施固定汇率政策，就难再拥有独立的货币政策。

实施扩张性货币政策时，与期初相比，收入水平不变，利率不变，汇率不变。

2. 财政政策：完全有效。

在市场利率机制作用下，财政政策完全有效，但以经济没有实现充分就业为前提。

实施扩张性财政政策时，与期初相比，收入水平升高，利率不变，汇率不变。

（二）浮动汇率制下的货币政策与财政政策效果分析

1. 货币政策：完全有效。

在市场利率机制的作用下，货币政策完全有效。

实施扩张性货币政策时，与期初相比，收入水平上升，利率不变，本币贬值。

2. 财政政策：完全失灵。

在市场利率机制的作用下，财政政策完全失灵。

实施扩张性财政政策时，与期初相比，收入水平不变，利率不变，本币升值。

四、不可能三角

在资金完全流动的情况下，固定汇率制下的货币政策是无效的。

不可能三角又称为蒙代尔三角、克鲁格曼三角，见图6-1。

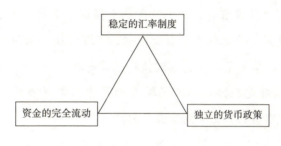

图 6-1　三元悖论

■ **案例再现**

减税又加息！美国这两把"利剑"对华影响多大？[①]

如市场预期，美联储12月货币政策会议决定，将联邦基金目标利率区间由1.0%~1.25%上调到1.25%~1.50%。至此美联储今年共三次加息，符合美联储此前预期。从进入加息通道后，美联储至今已经加息五次。从美联储货币政策委员会FOMC公报透露，2018年美联储预计将加息三次。当然，这也是耶伦作为美联储主席的最后一次主持会议。

应该格外留意的是，美联储会后还宣布，在缩减资产负债表（缩表）方面，美联储将按计划于明年1月将月度缩减规模增加到200亿美元。

美联储加息+缩表，价格工具与数量工具双箭齐发，大力度收紧货币，主要是基于美国经济增速罕见之好，美国就业历史上最高，美国通胀保持在最合理水平。在这个难得时间机遇，美联储紧紧抓住机遇使得货币政策迅速正常化后，一旦遭遇大的经济波动的话，美联储货币政策就有了施展的余地与空间。耶伦掌舵的美联储之智慧是高超的。

加息缩表消息披露后，由于市场早有预期，而且预期已经消化，全球市场处在波澜不惊之状况。黄金跳涨，美股三大指数涨幅扩大而随后标普回落收跌，美元下跌，美国国债收益率走低。

市场显然对美联储加息有了较大承受力，美联储的高超操作与把控，将加息对市场的冲击降到了最低程度。

那么，美联储加息+缩表对其他地区特别是新兴市场国家影响几何呢？这需要结合美国减税，综合货币政策与财税政策共同影响来谈才全面。

作者此前说过，美联储加息，美财政减税，这一加一减，体现出美国把货币政策与财政政策综合运用到了炉火纯青的地步。美国在顺周期减税的最大担忧是引发通货膨胀，而美联储加息又是通胀的天敌，又防止了通胀，加息与减税的结果必然是，经济高速增长，就业越来越充分，而又不会发生通胀，达到了经济学上孜孜以求的最佳状态：高增长，低通胀，高就业。然而，美国加息减税对其他国家特别是对中国在内的新兴市场国家影响是巨大的。

基本逻辑关系是这样的：美国减税，特别是将公司税从35%减到21%，罕见下降14个百分点后，将在全球形成税收洼地，略高于全球避税港地区，将会吸引美国海外企业以及全球企业蜂拥扑向美国，掏空其他国家基本经济细胞的企业。

美联储加息将使得美元升值，从而吸引海外资本大举回流美国，给贸易顺差或者外储较多国家带来货币贬值、资本外流的巨大压力。

美联储加息，美财政减税，像刺向其他国家经济的两把"利剑"一样，大有一剑封喉之作用。

为何说对新兴市场国家影响最大呢？因为长期以来新兴市场国家是出口型经济，贸易顺差、资本顺差地区，全球特别是美国资本高度富裕国家资本都流向了新兴市场。2008年金融危机以后，包括美国在内的全球企业都到新兴市场国家办厂设立公司等。目前，美国加息减税引发企业与资本双回流，首当其冲的就是新兴市场经济国家。

如何应对呢？日本、法国已经紧随美国开始减税。新兴市场国家大国的中国行动最快。就在美联储北京时间12月14日凌晨宣布加息后，中国香港立即宣布加息。紧接着，中国央行12月14日上调公开市场逆回购操作中标利率和MLF操作利率，但调整幅度较小，均为上行5个基点，也相当于间接加息。

在减税方面，中国正在谋划应对之策。就在14日上午国新办发布会上，国家统计局新闻发言人毛盛勇表示，现在企业普遍感觉到税收、费用包括各方面的成本负担还比较重，从这个角度来讲，中国也还有进一步推进减税降费的必要。

我们有理由相信，作为新兴市场大国的中国有智慧应对美国加息减税带来的大冲击。

■ 案例解析

美国进入加息通道后多次加息，并且增加缩表规模，大力收紧货币。如果将资本视为一种资产，那么它的收益率就是利率。相较于其他国家的低利息，在理性经济人的驱使下，大量海外资本流入美国，美元升值，人民币相对贬值。

特朗普税改是1986年以来美国力度最大、涉及面最广的一次减税，这一措施降低了企业的所得税税率，也大幅度降低了企业海外利润回流美国的税率，有利于美国实体经济的发展。美国实体经济加速发展，其他国家实体经济相对降速，但是美国实体经济发展还是会一定程度拉动其他国家发展，因为美国生产力水平较高，会有辐射和带动作用，所以全球总体实体经济还是上升。

减税有可能使美国吸引实体经济流入，而加息可能带来资金的流入，这一虚一实，很容易形成共振效应。一些国家为了吸引外资流入，可能会出台更多的减税措施或者优惠政策，可能出现竞争性减税现象。对于中国而言，强势的美元，叠加上国内资本外流的压力，相应的人民币将会面临较大的贬值压力。

■ 案例启示

美联储加息属于紧缩的货币政策。浮动汇率制下，资金完全流动时，货币紧缩造成本国的利率上升，会立刻通过资金流入造成本币升值，这推动着IS曲线左移，直至与LM曲线相交确定的利率水平与世界利率水平相等。此时，与期初相比，收入降低，本币升值，即美元升值，利率水平等于世界利率。

美财政减税属于扩张的财政政策。浮动汇率制下，资金完全流动时，财政扩张造成本国的利率上升，会立刻通过资金的流入造成本币升值，这推动IS曲线左移，直至返回原有位置，利率水平重新与世界利率相等。此时，与期初相比，收入不变，本币升值，即美元升值，利率水平等于世界利率。

■ 思考题

近年来，各国央行似乎开启了一段加息热潮。北京时间2017年

12月14日凌晨3点，美联储宣布，将基准利率区间调升25个基点，从1.0%~1.25%上调至1.25%~1.5%，符合市场预期。这是美联储当前加息周期的第5次加息，也是2017年年内的第3次加息，上一次加息是在2017年6月中旬。

加拿大央行在2017年7月和9月出乎意料地曾经两次加息，将隔夜利率的目标利率从0.5%上调至1%。加拿大央行的加息举措是为了消除加拿大央行在油价大幅下跌期间推出的特别货币刺激措施，以缓解加拿大经济的痛苦。

英国央行的加息则更多是受通货膨胀困扰，当前英国GDP并无明显好转，但英国的CPI却从2015年的负增长快速上升到10月的高达3%。于是英国央行2017年11月3日宣布加息0.25%，是其2007年7月以来的首次政策利率调整。

继美联储、英国央行和加拿大央行已经开始收紧政策之路后，韩国央行在11月的议息会议后宣布加息25个基点至1.50%，为逾六年来首次，除了斯里兰卡以外，韩国是2014年11月印度尼西亚加息以来唯一升息的亚洲国家。这也是自2015年美联储开启加息周期之后，首个跟进的亚洲主要经济体。

阅读以上案例，并回答：

1. 加息是一种什么政策？浮动汇率制下加息政策会产生什么效果？

2. 运用利率平价回答上述国家的加息会对人民币汇率产生怎样的冲击？

■ 参考答案

1. 加息是一种紧缩的货币政策。浮动汇率制下，资金完全流动时，货币紧缩造成本国的利率上升，会立刻通过资金流入造成本币升值，这推动着IS曲线左移，直至与LM曲线相交确定的利率水平与世界利率水平相等。此时，与期初相比，收入降低，本币升值，即美元升值，利率水平等于世界利率。

2. 非套补的利率平价是指，预期的汇率远期变动等于两国货币利率之差。其他国家加息意味着人民币与外国利率水平之差减小，导致预期的人民币远期汇率减小，人民币远期升值，即期贬值，所以人民币汇率升高，人民币贬值。

第七章

支出转换政策

第一节　汇率政策

一、支出转换效应

支出转换效应是汇率政策的主要调节机制，当汇率发生变动时，两国商品的相对价格发生改变，居民的需求也因此而进行调整。由此看出，支出转换效应是将汇率的变动传导至商品物价水平，再传递到消费者行为。所以该机制要发挥效用，首先需要汇率政策带来的汇率变动使得商品的相对价格变化，再次需要商品相对价格的变化让居民的需求结构有所调整。

二、汇率变动的经济效应

汇率变动可以引起如下经济效应：

贬值税效应。当本币贬值后，进口与原来数量一样多的商品所需的支出上升，在居民收入不变的前提下，由于在进口品上花费变多，导致对本国产品需求下降，相当于贬值加在社会总需求上的一种赋税，称之为贬值税效应。

收入再分配效应。本币贬值时，给不同的社会群体带来不同的影响，收入在不同群体间再分配。贬值利于本国商品的出口，所以厂家的收入会增多，对企业主等社会强势群体有利。但是，货币贬值导致进口品价格上升，个人购买与原来同样数量的进口品时支出更多，因此对工人等社会弱势群体不利。

债务效应。货币贬值使得以外币计价的债务的还本付息支出增加，导致社会的总需求下降，也就是一国借用外债的成本增加，债务负担加重。

生产率效应。货币贬值可以保护本国工业，特别是对于本国比较落后的产业来说，贬值给企业带来更多出口，生产率较低的企业就失去了提高自身生产效率的动力，长期如此不利于提高企业竞争力。反之，货币升值会促使企业采取多项措施提高效率降低成本，有利于一国生产率的提高。

三、汇率水平管理

（一）汇率水平管理的依据

一国汇率政策的核心目标是尽量避免汇率的过度波动，将汇率维持在一定的合理水平之上。对于固定汇率制，汇率水平的管理是政府选择合理的汇率水平，规定合理的汇率平价。对于浮动汇率制，汇率水平由外汇市场的供求决定，政府在管理时需要密切关注汇率变动的情况并且采取多种措施干预外汇市场以防汇率过于自由地浮动最终给一国经济带来负面影响。因此，一国无论采取何种汇率制度，都需要依据合理的标准、运用恰当的手段来对汇率水平进行管理。

（二）汇率失调

汇率失调指汇率长期偏离合理水平，可以分为货币高估与货币低估。汇率失调是汇率未处在合理水平的表现，不利于一国以及与其他相关国家的经济发展与合作。例如，本国货币被高估时，本国汇率水平低于均衡水平，进口与原来数量相同的外国产品的支出减少，但是本国产品的国际竞争力被削弱，出口收入也随之减少，从而引起一国的国际收支困难，长此以往会对国家的经济发展造成严重影响。

（三）汇率管理的手段

政府为了达到汇率水平管理的目的，会采取多种形式对外汇市场进行干预。按照是否引起货币供应量的变化可以分为冲销干预与非冲销干预。冲销干预是指政府通过一定的政策工具（主要是在国债市场上的公开市场业务）来抵消汇率政策的实施对国内货币供给的影响，使货币供给量维持不变的一种干预行为。即政府实行反向操作使外汇市场的外汇交易无法影响货币供给，避免了外汇市场对国内市场的影响。非冲销干预指政府不采取相应冲销措施对外汇市场进行干预，结果是改变了一国货币的供应量。

按照干预的手段可以分为直接干预与间接干预。直接干预指政府直接在外汇市场买卖外汇，使原有的外汇供给与需求量发生改变，以此引起汇率变化的干预方式。间接干预指政府不直接进入外汇市场而是通过改变利率等国内金融变量或通过公开宣告以影响外汇市场参与者心理预期的方法，达到改变外汇市场供求关系并带来汇率变化的目的。

四、固定汇率制和浮动汇率制

汇率制度是指一国货币当局对本国汇率水平的确定、汇率变动方式等问题所做的一系列安排或规定。不同的汇率制度意味着政府在实现内外均衡目标的过程中需要遵循不同的规则。传统上，按照汇率变动的方式，汇率制度可以分为固定汇率制与浮动汇率制。固定汇率制指政府用行政或法律手段确定、公布、维持本国货币与黄金或一国货币与某种参考物之间固定比价的汇率制度。浮动汇率制指汇率水平完全由外汇市场的供求决定、政府不加干预的汇率制度。两种制度各有优劣，就固定汇率制而言，它的汇率波动较为稳定但却难以维持经济内外均衡。对于浮动汇率制而言，它的优点是增加了本国经济政策的自主性、对国际收支失衡的调节具有自发性、能够抵御国外经济波动对本国经济的冲击以及在浮动汇率制下一国无须保有太多的外汇储备，减少了持有外汇储备的机会成本。然而浮动汇率制也有其自身的缺陷，例如不利于国际贸易和国际投资的发展，容易导致通货膨胀，此外还助长了国际金融市场的投机活动。

■ 案例再现 1

特朗普：中国不是汇率操纵国[①]

特朗普在总统竞选过程中多次指责中国人为压低人民币对美元汇率以使中国出口商品变得更为廉价，从而"偷走"美国的制造业就业机会，并扬言上任后要把中国列为"汇率操纵国"，对中国商品征收45%的惩罚性关税。但在2017年4月12日的最新表态中，他却改口坚称中国并非"汇率操纵国"。2017年4月12日，特朗普接受《华盛顿邮报》采访时表示，美国政府不会在即将发布的报告中将中国列为"汇率操纵国"，并指出过去几个月中国并未"操纵汇率"。2017年4月14日，美国财政部发布的《国际经济和汇率政策报告》中指出，包括中国在内，没有任何一个美国的主要贸易伙伴被列为"汇率操纵国"。特朗普竞选总统期间，曾在多种场合以不负责任的态度宣扬中国"操纵汇率"论，称中国是"操纵汇率总冠军"。2017年1月，美国财政部长雅各布·卢公开表

---

① 资料来源：刘畅. 特朗普：中国不是汇率操纵国 [J]. 国企管理,2017(5):88-89.

示，过去18个月中，中国采取的系列汇率措施显示，中国并未通过操纵汇率来获取不公平贸易优势；另有数据显示，中国过去两年并未"操纵汇率"，故特朗普对中国"操纵汇率"的相关指控并不成立。

根据奥巴马政府制定的《贸易便利和执法法》，美国财政部对判定"汇率操纵国"的三大标准分别是：对美贸易盈余超过一年200亿美元；经济项目盈余占GDP的3%；通过汇率干预买入的外汇在一年内超过2%。美国财政部在报告中承认，截至目前的数据显示，中国只满足第一个条件，因而并不是真正的"汇率操纵国"，但已被列入"观察名单"。美国财政部同时表示，鉴于中美贸易顺差数额巨大，美国将持续关注中国贸易和货币政策的后续发展。奥巴马执政时期，未将中国列入"汇率操纵国"之列。在2009年1月至6月间，美国财政部报告指出，在过去4年中人民币对美元汇率升值21.2%，因此"中国没有为获得不公平的贸易优势而操纵汇率政策"。美国财政部同时承认，中国的一系列政策在稳定世界经济和调整本国贸易顺差方面起了"重要的作用"。2009年10月16日，美国财政部在外汇报告中表示，包括中国在内，美国的主要贸易伙伴国都没有操纵汇率的迹象。2013年4月12日，美国财政部报告指出，尽管人民币汇价被明显低估，但美国仍无须将中国这一全球第二大经济体列入"汇率操纵国"名单。这是奥巴马政府第二任期首度，也是其两个任期内第九度拒绝将中国列为"汇率操纵国"。而后，美国财政部在奥巴马任期内最后一次拒绝给中国贴上"汇率操纵国"的标签，称中国最近支撑人民币汇率是为了防止本币快速贬值损及全球经济。

然而特朗普在总统竞选和初选阶段，都曾声色俱厉地指控中国是"汇率操纵国"，更扬言要向中国施加45%的惩罚性关税。而这次他不把中国列入"汇率操纵国"的最新表态，显然与他之前言之凿凿的指控相违背。固然特朗普一贯以天马行空的行事作风著称，但致使他宁可背负出尔反尔的名声的，归根结底还是美国自身的利益。事实上中国在汇率方面做出的努力世界共睹。确如雅各布·卢所言，以2017年4月为立足点，回顾过去18个月，中国始终在为捍卫人民币汇率、防止人民币继续贬值而积极采取各种有力措施，而中国的外汇储备出现较大幅度下降，就是对此最好的例证。因此，中国对本国汇率进行管理、阻止人民币汇率持续贬值的一个主要出发点，就是要承担更多的国际责任，秉承全球观念与国际意识，发挥出大国对国际经济的稳定作用。

■ 案例解析

上述案例中多次提到的"汇率操纵国"也即我们讨论的货币操纵问题。货币操纵指一国有意运用各种手段来达到特定的汇率高估或者低估的目的。通常认为一国操纵汇率及国际货币体系，是为了在国际贸易中获取不公平的竞争优势或是为了逃避采取有效的国际收支调节措施。

特朗普竞选期间包括任职总统以来，一直强调以"美国优先"为执政理念。该理念就是希望不论在炼钢、造车还是在治疗疾病方面，下一代的生产和创新发生在美国，从而为美国工人创造财富和就业机会而不是被其他国家"偷走"了机会。所以特朗普在经济政策方面带着较为浓厚的贸易保护主义色彩，认为其他国家对美国进行不公平倾销，夺走了美国工人的就业岗位，加大了美国贸易赤字。

就特朗普看来，中国出口大幅增加、外汇储备增多的原因是人民币被低估，人民币汇率过低是导致美中贸易逆差增加的原因，指控中国是所谓的"货币操纵国"可以就此向中国施压。然而，根据美国财政部判定的"汇率操纵国"三大标准，中国并没有全部符合这三个认定标准。首先，是否对美国拥有超过200亿美元(约合美国GDP的0.1%)的严重贸易顺差。按照这个标准，截至2016年6月底的过去一年中，全球有6个国家拥有"严重"对美贸易顺差：中国(3 561亿美元)、德国(711亿美元)、日本(676亿美元)、墨西哥(626亿美元)、韩国(283亿美元)、印度(240亿美元)。其次，是否存在实质性的经常账户顺差。所谓"实质性"是指一国经常账户顺差占其国内生产总值(GDP)的比重超过3%。截至2016年6月末，中国这项指标仅为2.4%。在美国的主要贸易伙伴中，有5个经济体存在"实质性"经常账户顺差：德国(9.1%)、日本(3.7%)、韩国(7.9%)、中国台湾(14.8%)、瑞士(10%)。最后，在12个月内累计外汇净交易额(即为阻止本币升值净买入的外汇额)是否超过GDP的2%。按照这一标准，美国主要贸易伙伴中只有中国台湾和瑞士符合这一标准。事实上，目前在美国财政部监测的12个主要贸易伙伴中，没有一个同时符合三大标准。[①]2017年4月14日美国财政部发布的《国际经济和汇率政策报告》表明特朗普的态度发生了转向，他的解释是中国过去几个月并未操纵其汇率，而且现在指定中国操纵汇率可能会破坏美国与中国应对朝鲜威胁的谈判。实际上，如果中国真的被列为货币操纵国，那么中美两国的经济及其他领域的合作发展都会受到阻碍，人民币贬值也是受到多种因素的影响，中国不会为提振出口而操纵汇率使人民币贬值，中国对汇率的管理和世界经济的稳定是有促进作用的。美国如果希望改善贸易逆差的情况，不应仅仅对他国施压，而更应该在出口方面提升产品的国际竞争力，在他国打开出口市场。

■ 案例启示

在国际贸易往来中，贸易收支总会出现顺差与逆差，于是就总会有国家被指控为刻意压低本币币值以刺激出口的"货币操纵国"。一个国家即使选择浮动汇率制，也不可能对其汇率水平放任自由，政府仍然需要对汇率水平进行管理。当然，当一国运用各种手段有意使汇率高估或者低估以达到获取不公平贸易竞争的优势、刻意逃避对国际收支有效调节的目的时，那就是货币操纵的表现了。

---

① 金旼旼. 特朗普会否将中国列为货币操纵国 [N]. 中国证券报，2017-02-18（A08）.

货币操纵问题在国际贸易争端中时常成为关注的焦点，但它的判定标准界限仍然模糊。目前，国际货币基金组织在《汇率政策监督原则》中，对货币操纵行为有了明确的认定：第一，长时期大规模在外汇市场上进行单项干预；第二，出于国际收支目的所进行的不可持续的官方及准官方资金借入，或者是过多、长时期的短期官方及准官方资金贷出；第三，出于国际收支的目的，采用、强化或维持针对经常账户收支以及资本流动的限制或鼓励行为；第四，出于国际收支目的，利用货币政策或其他国内金融政策来对资本流动提供不正常的鼓励或压制措施；第五，汇率状况与潜在的影响国际竞争力与长期资本流动的经济与金融的状况不符；第六，不可持续的私人资本流动。有了上述明确的标准，就可以对一国是否存在货币操纵行为进行判断。只不过就目前而言，依据国际货币基金组织提出的这些标准在对货币操纵判定时还是缺乏一定的可操作性。

■ 案例再现2

人民币汇率制度演进

没有一种汇率制度对所有国家和所有国家的任何时期都适用，中国半个多世纪以来一直在探索适合每个时期经济发展的汇率制度，所以人民币的汇率制度是在不断演进中逐渐形成并完善的。人民币的汇率制度主要经历了以下几个阶段的演进。

（一）单一浮动汇率制（1949—1952年）

这一阶段的汇率水平主要根据当时国内外的相对物价水平来制定（物价对比法），并随着国内外相对物价的变动不断进行调整。1949年到1950年3月，中国实行"奖出限入、照顾侨汇"的政策方针，当时国内通货膨胀相当严重，所以人民币汇率频繁下调。1950年3月到1952年底，中国实行"鼓励出口、兼顾进口、照顾侨汇"的政策方针，人民币汇率逐步调高。上调的原因在于1950年政府整顿物价工作取得显著成效，同时它有助于通过鼓励进口打破西方国家对中国的封锁禁运，有利于促进国民经济的恢复和稳定。

（二）单一固定汇率制（1953—1972年）

这一时期的人民币汇价特点是相对稳定而不经常调整，汇率政策采取与国际上个别国家货币挂钩的方法，只有当某种外币贬值或升值时，才相应调整人民币对该国货币的汇率。1953—1972年底，人民币汇率基本稳定，一直保持在1美元兑换2.46元人民币，人民币对英镑汇率只有在1967年11月英镑贬值14.3%之后才从1英镑兑换6.89元调到5.91元。这个时期国有经济成分在外贸领域占据绝对统治地位，中央指令性计划体系中的人民币汇率已不具备经济调节功能，而是主要用于编制外汇收支计划和外贸部门内部核算的会计标准。从中国存在严重的外汇短缺来看，这种官方汇率意味着人民币高估，它削弱了中国商品在出口时的竞争力。

（三）布雷顿森林体系后以"一篮子货币"计算的单一浮动汇率制（1973—1980年）

1973年石油危机爆发和布雷顿森林体系瓦解，西方国家普遍实行浮动汇率制度，为了维护人民币汇率相对稳定，原则上采用盯住货币篮子的汇率制度，根据货币篮子平均汇率的变动情况来确定汇率（一篮子原则定价）。中国没有公布货币篮子中的货币种类及其权数，原则上是根据中国外贸地理流向选择货币构成，并根据贸易量大小规定权数。这一时期人民币汇率不断上调，有利于中国获得较好的贸易条件，但是也带来明显的消极影响。人民币汇率偏高，一方面增加了出口亏损，另一方面刺激了国内争外汇的倾向。

（四）内部结算汇率和官方汇率并存的双重汇率制（1981—1984年）

改革开放后，人民币汇率存在币值悖论：贸易方面人民币汇率高估，出口商品贸易受到严重影响，非贸易方面人民币汇率低估，降低了人民币在外国的购买力。面对这种情形，中国实行双重汇率制度，非贸易外汇的兑换和结算使用官方公布的牌价1美元兑换1.5元人民币，贸易外汇内部结算汇率按1978年全国出口换汇成本2.53元再加上10%的利润计算得1美元兑换2.8元人民币。这种双重汇率制有效地鼓励了企业出口创汇，并能抑制进口用汇需求。但此种制度也会带来资源配置扭曲的问题，它不利于非贸易部门的出口创汇，正是在这种压力下，官方汇率几经调整，在1984年底已接近内部结算汇率。

（五）官方汇率与外汇调剂市场汇率并存的双轨汇率制（1985—1993年）

1985年1月1日起，人民币官方汇率实行单一的1美元兑换2.7957元人民币，停止使用贸易外汇内部结算价。在建立外汇调剂市场的基础上，中国允许外币调剂价格高于官方牌价。在这个时期里，人民币官方汇率有所变动，1993年12月31日的官方牌价是1美元兑换5.8元人民币。中国对外汇调剂市场的限制也逐渐放宽，1993年底1美元能兑换8.7元人民币。官方汇率与外汇调剂市场汇率并存的双轨汇率制度的推行可减少汇率变革制度的阻力，但它保留了以行政手段分配外汇资源的机制，这种汇率制度不利于外汇资源的有效配置，也不利于企业间的公平竞争和经营机制的转变。

（六）以市场供求为基础的、单一的、有管理的浮动汇率制度（1994—2004年）

1994年1月1日，政府宣布执行以市场供求为基础的、单一的、有管理的浮动汇率制度，实行汇率并轨，即把调剂外汇市场的汇价与官方牌价合二为一，保留一个汇价。汇率并轨后，人民币实行以市场供求为基础、单一的、有管理的浮动汇率制度，外汇调剂市场发展成为外汇银行间外汇市场，外汇银行将买入和卖出的外汇差额，按中央银行的余额规定在外汇市场上自由挂牌交易，人民币汇率由市场供求关系确定，形成人民币市场汇率，取消了人民币官方汇率，中央银行参与外汇买卖以干预外汇波动的幅度。外汇市场上的人民币汇率基本保持稳定，对外经济运行平稳，汇率稳中有升。

（七）以市场供求为基础、参考一篮子货币进行调节、有管理的浮动汇率制度（2005年至今）

2005年7月21日，中国对完善人民币汇率形成机制进行改革。人民币汇率不再盯住单一美元，而是选择若干种主要货币组成一个货币篮子，同时参考一篮子货币计算人民币多边汇率指数的变化，实行以市场供求为基础、参考一篮子货币进行调节、有管理的浮动汇率制度，此次汇改重在强调汇率形成机制的变化。2010年6月19日，中国人民银行决定进一步将人民币汇率机制的改革推进，对人民币汇率浮动进行动态管理和调节，以此增强人民币汇率弹性。2015年8月11日开始，中国人民银行完善人民币兑美元汇率中间价报价机制，规定做市商在每日银行间外汇市场开盘前，参考上日银行间外汇市场收盘汇率，综合考虑外汇供求情况以及国际主要货币汇率变化向中国外汇交易中心提供中间价报价，此外，人民币汇率形成机制开始转向参考一篮子货币、保持一篮子货币汇率基本稳定。此轮汇改使人民币汇率双向浮动弹性明显增强，不再单边升值，与此同时，人民币中间价形成的规则性、透明度和市场化水平显著提升。

纵观人民币汇率制度的演进，每一次汇率制度改革都是根据中国国情和发展战略做出的选择，不仅有利于促进结构调整和全面协调可持续发展，而且有利于抑制通货膨胀和资产泡沫。我们仍需继续完善人民币汇率形成机制，市场化是其应坚持的方向，还要注重保持人民币汇率在合理、均衡水平上的基本稳定，增强汇率弹性，实现双向浮动，与世界各国共同创造良好的国际经贸环境。

■ 案例解析

从人民币汇率制度的演进可以看出，没有任何一种汇率制度对于所有国家或者一个国家所有时期来说都是最好的选择，不同国家选择何种汇率制度取决于其不同时期下的经济环境，我们应相机抉择适合自身发展的汇率制度。具体来说，影响一个国家汇率制度的主要因素有以下几个方面：（1）本国经济的结构性特征。大国的对外贸易大多呈多元化状态，难以选择一种基准货币实施固定汇率，适合采取灵活的浮动性较强的汇率制度。而对于小国来说，它们的贸易依存度较高，进出口贸易集中于几个贸易伙伴国，汇率波动对它们的经济冲击较大，所以适宜采用固定性较高的汇率制度。（2）特定的政策目的。例如政府面临高通胀问题时，采取固定汇率制有利于通过宏观政策的调整来控制通货膨胀。而浮动汇率制下，通胀带来的本币贬值会再次通过成本机制、收入工资机制进一步恶化通货膨胀的问题，所以面对解决高通胀问题这个特定政策目的时，固定汇率制显然更加适宜。（3）地区性经济合作情况。一国与外国的经济合作情况也深深影响着一国在汇率制度上的选择，如果两国贸易往来密切，那么两国的汇率稳定在一定水平上保持固定汇率比较有利于各自经济的发展。（4）国际经济条件的制约。一国选择汇率制度时还需考虑国际条件的制约。处在国际资金流动数量规模巨大的背景下，对于一国内部金融市场与外界市场相关性很强的国家来说，如果本国在外汇市场没有非常强的干预能力，那么本国适合采取浮动性较强的汇率制度。

■ 案例启示

　　经济全球化不断深入发展的今天，对外贸易成为一国经济发展不可或缺的一部分，因此汇率制度的管理也变得越来越重要。不同的汇率制度有其各自不同的优缺点，浮动性较强的汇率制度在本国经济政策的自主性、调节的自发性以及抵御外界经济冲击等方面有优越性，而固定性较强的汇率制度在国际贸易往来、遏制通货膨胀等方面有优势。一国选择汇率制度时要综合考虑各种因素包括经济规模、金融市场发育程度、通货膨胀率、政治环境等多个方面，并且需要在不同时期调整转换。也就是汇率制度对于一个国家来说不分孰好孰坏，只分适合或是不适合。人民币汇率从最初缺乏弹性的单一固定汇率制发展到如今以市场化为导向的有管理的浮动汇率制的过程，就是找寻适合自己发展道路的过程，适合本国国情的汇率制度将有助于经济发展；反之，不当的汇率制度往往会阻碍国家的经济发展与对外合作。

第二节 直接管制政策

■ **知识点串讲**

一、直接管制的原因和形式

（一）政府采用直接管制的原因

直接管制是政府用行政手段对贸易与非贸易外汇买卖的金额和价格以及外汇资金进出国境的流动性实行某种程度的限制性和保护性的政策措施，以达到迅速平衡国际收支的目的。政府采取直接管制政策的原因主要包括：

1. 短期冲击因素：对于短期冲击，市场自发调节及政府调控措施难以及时发挥作用，而直接管制政策收效迅速、针对性强，这时就有必要采用直接管制政策。

2. 宏观政策因素：为了保证原有政策能发挥预期效力或是为了避免由于不合理宏观政策可能带来的危机，政府需要通过行政手段进行管制来保证其宏观政策正常发挥调节经济的功能。

3. 微观经济因素：一国价格体系不合理、对市场信号缺乏灵活的调节性、出口商品缺乏国际竞争力、社会资源在各部门流动存在障碍以及各产业部门难以随客观条件的变化而进行调整等一系列微观经济因素也会使政府被迫采取各种管制措施。

4．国际交往因素：对于一些并没有完全融入世界经济的国家来说，它们的经济结构与外部世界存在巨大差异，倘若这些国家金融体系及金融监管也不够健全，那么经济的完全开放和完全自由的国际交往会使国外冲击对本国造成严重影响，这迫使政府必须对经济的开放性进行一定程度上的限制，采取一些直接管制措施。

（二）直接管制政策的形式

按照实施的对象不同，直接管制政策主要有如下几种形式：

1．对价格的管制。这一管制主要体现为对物价特别是进出口商品的国内价格以及工资水平实施限制。

2．对金融市场的管制。这主要是对金融市场上容易引起外汇市场波动的一些变量进行管制，主要是对各种利率（存贷款利率）制定界限、对贷款及资金的流出入数量实行限额控制。

3．对进出口贸易的管制。包括针对不同商品的有区别的关税、各种非关税壁垒如进口配额、进出口许可证以及对企业的出口补贴和出口退税等。

4．对外汇交易的管制。主要包括对三个方面的限制：对货币兑换的管制（主要针对国际收支不同账户的兑换条件进行限制，是外汇管制的核心）、对汇率水平的管制（主要是政府在对外贸易中实施有差别的汇率制度比如复汇率制度）、对外汇资金收入与运用的管制。

二、复汇率

（一）复汇率的概念

所谓复汇率制是指一国实行两种或两种以上的汇率制度。由于复汇率的形式十分复杂，国际货币基金组织规定的判断标准是：一国政府所采取的导致该国货币对外的即期外汇买入价与卖出价的价差或各种汇率的差价高于2%的任何措施，都被视为复汇率。

（二）复汇率的种类

一是公开的复汇率制度，即政府明确公开针对不同贸易所适用的不同汇率。二是隐蔽的复汇率制度，其表现形式多种多样，包括（1）政府对不同交易规定所采用的汇率相同但由于不同的税收或补贴最终构成了实际上的复汇率；（2）政府采用影子汇率（在不同种类进出口商品之后附加不同的折算系数）；（3）一国已存在官方汇率和市场汇率两种汇率的条件下对不同企业或不同的出口商品实行不同的收汇留成比例。

（三）实行复汇率的好处

第一，维持一定数量的国际储备。采用复汇率制的国家可以在原有的官方市场外再设一个汇率自由浮动的外汇市场。除了少部分交易经政府核准后可在官方市场进行，其余交易都在另设的外汇市场进行。政府不需要对新设的汇率自由浮动的外汇市场进行干预，所以本币贬值时本国国际储备不会减少枯竭。

第二，隔绝来源于外国的冲击。比如一国对经常账户实行相对稳定的汇率制度，对资本与金融账户实行更为灵活的浮动汇率制度时，当外国金融市场发生较大波动，可以保证本国实际部门不受大的影响。

第三，达到商业政策目的。政府实行复汇率制可以发挥汇率的价格杠杆作用，体现政府对不同交易的不同态度。政府可以鼓励一些商品的出口而限制一些商品进口来促进国内经济的发展和国际收支的均衡。

第四，实现财政目的。复汇率制下政府对不同交易采用不同的补贴及征税措施，实际上是一种变相的财政手段。

（四）实行复汇率的弊端

第一，管理成本较高。复汇率制下存在多种汇率，交易秩序复杂化，这涉及大量的人力成本，使经济运行效益下降。

第二，扭曲价格。多种汇率形成多个价格，价格体系变得复杂扭曲，最终对消费、生产和投资都会造成负面影响。

第三，不公平竞争。复汇率实际上是一种变相的财政手段，那么不同的企业就会处在不同的竞争地位上，最终使得市场存在不公平竞争关系，缺乏透明度。

三、货币自由兑换

（一）货币自由兑换的基本概念

所谓货币自由兑换，是指在外汇市场上，能自由地用本国货币购买或兑换某种外国货币，或用某种外国货币购买或兑换本国货币。货币满足自由兑换时，本币与外币的兑换需求在外汇市场也就同时得到了不受限制的满足。在国际经济交易中，货币的自由兑换通常可以分为两种情况，即经常账户下的自由兑换和资本与金融账户下的自由兑换。在国际货币基金组织章程第八条的二、三、四款中，规定凡是能够对经常性支付不加限制、不实行歧视性货币措施或多重汇率、能够兑付外国持有的在经常性交易中所取得的本国货币的国家，其货币就是可自由兑换货币。达到国际货币基金组织章程中的条款实现了经常账户下货币自由兑换的国家又称为"第八条款国"。资本与金融账户下的自由兑换是指对资本项目交易的资金转移支付不得加以限制，基本实现资本的自由流动。货币要实现完全可兑换一般要经历几个阶段：经常账户的有条件兑换、经常账户自由兑换、经常账户自由兑换并且资本与金融账户的有条件兑换、经常账户自由兑换加上资本与金融账户的自由兑换。

（二）资本与金融账户自由兑换的收益与风险

实现资本与金融账户自由兑换，国际资金可以迅速流动，从而加速世界金融市场的一体化进程。从微观的角度看，资本流动自由化能够提高资源配置效率，减少市场价格扭曲带来资源错配的情况。此外，资本与金融账户自由兑换还可以减少资本管制实施所需投入的大量的运营管理成本，避免官员寻租、倒卖外汇额度等严重的社会问题发生。从宏观角度看，资本自由流动让一国可以灵活确定外部均衡目标，也可以实现一国金融资产的多样化组合，降低风险提高收益。

资本与金融账户的自由兑换虽然带来了好处，但它实现后也存在一定风险。首先，由于信息的不对称性，资本在不同国家间自由流动加大了市场扭曲、制造道德风险、激励过度投机行为最终导致重大危机。其次，国际资金流动有顺周期性，当一国经济状况良好有较高收益率时，其他国家会纷纷向该国投入资金加剧资产市场泡沫，而一旦该国经济不景气时，他国会顺势抽离资金，最终给该国带来剧烈的金融动荡。

（三）资本与金融账户自由兑换的条件

一国是否取消对资本与金融账户的管制取决于其是否具备一定的客观条件。第一，稳定的宏观经济状况。资本的跨国流动会对宏观经济造成形式不一的各种冲击，这要求宏观经济具备对各种冲击进行及时调整的能力。第二，健全的金融系统。金融体系较为健全时，金融机构可以很好地吸收外部冲击，资源也可以在微观经济主体之间有效地分配。第三，合理的开放状态。在合理的经济开放状态下，国际收支才可维持，不会存在长期严重的失衡，特别是不存在经常账户的长期逆差。此外，合理的汇率制度和汇率水平才能保证外汇市场的弹性，保持外汇市场的稳定。第四，有力的宏观调控与金融监管。随着资本与金融账户的自由兑换，进入国内市场的国外金融机构与开展国外经营业务的本国金融机构数量增多，这使监管范围扩大、难度增加，所以需要有力的宏观调控手段和高效稳健的金融监管。

（四）货币自由兑换后经济面临的新问题

资本逃避问题。资本逃避指由于恐惧、怀疑或为了规避国内的某种风险和管制所引起的资本向其他国家的异常流出。资本逃避与资本流出不同，它是出于一种安全功能或其他目的发生的、非正常的资本流动。从短期看，大规模的资本逃避会使经济混乱与动荡。从长期看，资本逃避造成国有资产大量流失，减少了政府从国内资产中可获取的税收收入，增加了本国的外债负担，从而会引起一系列严重的经济后果。

货币替代问题。货币替代是经济发展过程中一国居民对本国货币币值的稳定失去信心或本国货币资产收益率相对较低时发生的大规模货币兑换，从而外币在货币的各个职能上全面或部分地替代本币发挥作用的一种现象。货币替代一般伴有资本外流，是一种良币驱逐劣币的现象。货币替代虽然一般伴有资本外流，但不同于资本流出与资本逃避。货币替代发生时，如果国内资产并未向外国转移，那么就没有形成资金的流出。此外，货币替代是一国居民对外币的过度需求，而对外汇的正常需求是不会影响一国经济正常运行的。货币替代加剧了汇率的复杂性与不稳定性、削弱本国货币政策的效力，还减少了政府的通货膨胀税收入。

■ 案例再现 1

复汇率制在世界范围的运用

第二次世界大战结束后，许多国家面临通货膨胀和国际支付困难，这些国家无法继续维持固定汇率制，所以纷纷采用形式各样的复汇率制度，也就是在第二次世界大战结束后复汇率制开始被大范围地使用。据国际货币基金组织统计，1952年实行外汇管制的44个成员国中，有一半左右采用了复汇率制，非成员国中实行复汇率制的国家数量就更多了。到20世纪50年代后期，由于战后经济恢复，各国收支状况改善，主要资本主义国家恢复了货币可兑换性，实行复汇率制度的国家逐渐减少。进入20世纪60年代，由于美元开始泛滥，许多国家又开始采用复汇率制度，到70年代初期，国际货币基金组织成员国中大概有三四十个国家逐渐加强了对复汇率制度的使用以限制外国资本流入国内，同时促进出口限制进口。许多国家为限制外国游资流入一般采用的是双重汇率制，在贸易往来和政府间的结算上保持原有的官方固定汇率，在资本往来和非贸易结算上实行自由汇率，汇率水平由外汇市场对外汇的供求水平决定。比如当时的法国实行的双重汇率制就是对贸易与非贸易项目采用不同的汇率水平进行结算。在外贸收支上，通过官方市场使用"贸易法郎"，这种汇率也被称为商业汇率；其他收支则通过自由市场使用"金融法郎"，也称作金融汇率，金融汇率高于商业汇率，从而达到限制资本流动的目的以隔绝外部冲击。20世纪80年代，拉美国家和非洲国家出现债务危机，本币大幅贬值，国内发生恶性通货膨胀和财政赤字现象，大量资本外逃。为了防止因为对本币缺乏信心而产生的大规模资本外逃，许多国家先后实行了复汇率制。据国际货币基金组织统计，20世纪70~80年代，阿根廷、智利、厄瓜多尔、牙买加、尼加拉瓜、巴拉圭、秘鲁、玻利维亚、哥斯达黎加、多米尼加、萨尔瓦多、墨西哥和乌拉圭等国都采用过双重汇率制或多重汇率制。

就中国的情况来看，中国在20世纪80年代也实行过隐蔽的复汇率制度。1979年8月，国务院颁发了《关于大力发展对外贸易增加外汇收入若干问题的规定》，实行外汇留成制度。在外汇由国家集中管理、统一平衡、保证重点的同时，实行贸易与非贸易外汇留成，区别不同情况，适当留给创汇的地方和企业一定比例的外汇，以解决发展生产、扩大业务所需要的物资进口。一般地区以1978年外贸收购额为基数，对中央部委管的商品留成20%，地方管的商品留成40%。所谓的留成是指当企业获得外汇收入后，可按规定的比例获得外汇留成归其所支配。比如，某企业出口所得外汇收入100万美元，留成比例按40%计算的话，当企业将全部出口收汇结售给政府时，企业便获得了40万美元的留成额度。留成比例越高，企业所得的变相补贴就越多。1981年到1984年中国的汇率制度是内部结算汇率和官方汇率并存的双重汇率制。人民币外汇牌价为1美元兑换1.53元人民币。非贸易收支按牌价结算，但进出口贸易按内部结算价1美元兑换2.80元人民币进行结算，实行这样的贸易汇率与金融汇率并存的复汇率，可以达到鼓励出口、改善国际贸易收支的目的，也可以控制国际资本流动对本国国际收支所带来的冲击。20世纪90年代以后，虽然仍有国家还在实行复汇率制，但随着经济市场化和贸易自由化的深入，许多国家权衡采用复汇率的利弊后开始放弃复汇率制。

■ 案例解析

上述的案例描述了不同历史时期中的不同国家为了缓解当时所面临的经济困难，都会将复汇率制作为一种权宜之计来帮助国家通过外汇管理度过一个缓冲期。由此我们也可以看到复汇率制是具有普遍性的，不论是发达国家还是发展中国家，为了某些经济利益例如鼓励出口，限制资本流入等目的，都会采用这种多汇率水平的汇兑管制方法。布雷顿森林体系下美国为保证美元与黄金之间固定比价和可兑换，要求控制美元向境外输出；而其他国家为尽可能积累美元储备要求美元大量向境外输出。这一从根本上无法解决的缺陷让布雷顿森林体系最终在1973年彻底崩溃，一些国家开始实行浮动汇率制，并且随着经济国际化程度开始加深，国际金融市场规模开始逐渐扩大，外界冲击通过金融市场进行传导对一国的影响也开始变得显著。所以20世纪70年代初期许多国家包括一些发达国家为了防止经济遭受外来冲击和避免短期资本大规模流动造成不稳定的经济环境，这些国家都先后采用了双重汇率制度作为一项暂时性的过渡措施。例如案例中提及的法国在1971—1974年采用过双重汇率制，对贸易账户采用商业汇率而对非贸易账户采用金融汇率。这样一来，当出现来源于外部的对金融市场的冲击时，可以通过金融汇率在市场的灵活变动予以吸收，从而将本国实际部门与外界相隔开来，达到隔绝外部冲击的目的。20世纪80年代的拉美国家和非洲国家使用复汇率制度主要是为了控制债务危机带来的通货膨胀和资本外逃等问题，使用复汇率限制资本流动，降低了贬值带来的通胀压力。复汇率制度还可以帮助一国改善国际收支，扩大出口限制进口。在多种汇率制度下，一国根据本国商品在国际市场上竞争力的大小，规定不一样的汇率，相当于变相补贴以鼓励出口；并根据国内市场的需要，对进口商品规定高低不等的汇率，相当于变相征税以限制进口。总体来说，实行复汇率制度在短期内给一国带来了隔绝外界冲击，达到商业、财政上的目的、维持一定数量的国际储备等好处，但与此同时它也会给一国经济带来众多弊端，如形成市场不公平竞争的环境、扭曲价格形成机制、增加社会管理成本、降低社会福利等。正因为这些弊端的存在，许多国家在权衡利弊后逐渐放弃了复汇率制度，将汇率制度向市场化方向改革推进。

■ 案例启示

复汇率制是建立在货币兑换基础之上的，当对货币兑换进行管制时，其中一种方式就是限制货币兑换的价格，对不同情况的兑换适用不同的汇率，因此双重汇率制、多重汇率制都属于复汇率制的范畴。复汇率制的表现形式不一，可以归纳为公开的复汇率制和隐蔽的复汇率制。公开的复汇率制是政府明确公布针对国际间不同的经济交易采用不同的汇率，特点就是公开的、透明的。隐蔽的复汇率制则不公开、不透明。主要有几种存在方式：第一种是对出口按商品类别给予不同的财政补贴或税收减免，或者对进口按类别课以不同的附加税，形成不同的实际汇率；第二种是采用影子汇率，给不同种类进出口商品一个不同的折算系数；第三种是一国采用外汇留成制度而形成了复汇率。不同的国家为了达成不同的目的而使用复汇率制度，有的是为了限制资本流动以隔绝外部冲击，有的是为了达到商业政策的目的以扩大出口限制进口。可是复汇率制的使用也会降低一国的经济运行效率，滋生社会腐败行为、不利于正当透明的市场关系的形成，严重时还会引起其他国家的报复，最终损害双方共同的经济利益。因此在当前随着世界经济全球化不断深入和发展的背景下，国际间的经济交易关系也日益密切，复汇率被使用的规模和频率已大大减少。

■ 案例再现 2

资本外逃[①]

　　2015—2016年，短短两年时间，中国国际收支平衡表上记录的资本外流达到1.28万亿美元（非储备性质金融账户余额+误差与遗漏账户），年均资本净流出相当于GDP总量的6%。大规模的资本外流引发了人们对中国是否存在资本外逃的担忧和讨论。中国社科院世界经济与政治研究所的研究员余永定与肖立晟通过分析国际收支平衡表和国际投资头寸表中各个项目的头寸状况，以及二者之间的差异，间接推测中国是否存在资本外逃及其规模大小。

　　从国际收支平衡表看资本外逃，近年来，中国的国际收支平衡表出现了三个与资本外逃密切相关的异常现象。第一，服务贸易旅游支出金额高速增长，达到同期美国出境旅游支出金额的两倍。2014年之前，中国的海外旅游支出大致是以年均20%速度增长。然而，2014年增速突然飙升到80%，此后总体规模一直保持在高位。2015—2016年，中国海外旅游支出总额达到5 500亿美元，是同期世界第二大旅游支出国——美国海外旅游支出的两倍。有研究表明：2014—2016年期间中国的旅游支出

---

① 　资料来源：余永定，肖立晟. 解读中国的资本外逃 [J]. 国际经济评论，2017（5）.

中很大一部分不能用会计因素或经济基本面因素解释，事实上，一部分虚假的旅游交易反映的是资本外流需求，而这部分资本流出后可能是被居民用于在海外购置金融资产，甚至房产，脱离了中国政府监管，应该归于资本外逃的范畴。第二，中国对外直接投资项下资本外逃现象比较严重。中国对外直接投资有商务部和外汇局两套数据。从2015年开始，外汇局统计的资本流出要远远高于商务部统计的实际对外投资资本金额度。这反映对外直接投资可能也隐含了一部分资本外逃。第三，错误与遗漏账户规模迅速增长，隐含大量资本外逃。巨额的错误与遗漏可能是统计造成的，这些统计上的原因包括：覆盖范围不当、误报、漏报、同一笔交易的贷方分录和借方分录的数据来源不同（如贸易数据来自海关但创汇数据来自银行）、信息采集时间不同，等等。可是这些统计上的原因不应该使错误与遗漏显示明显趋势，不应该表现为长期、单向的资本流入或流出，更不应该同汇率有明显的相关。但从2014年第二季度到2016年末，中国各季度的误差与遗漏的方向完全一致，都是资本流出，而且同汇率变化相关。因此，很难把中国的巨额误差与遗漏主要归结于纯统计的技术性原因。那么中国国际收支平衡表上计为负值的误差与遗漏数量巨大，另一种可能的解释就是中国经常项目顺差高报，比如企业为骗取出口退税和逃避关税会高报出口、低报进口。但这种现象不应该会在最近几年突然恶化，导致中国国际收支表中误差与遗漏项的突然增加，而且根据历史经验，在人民币贬值预期较强时期，企业往往是低报出口、高报进口，以便尽可能多地持有美元资产。在2014年第二季度到2016年末期间就是人民币贬值预期较强。如果不能主要归结于高报出口、低报进口，形成巨额误差与遗漏的主要原因就可能是，资本项目中的资本流出被低报或资本流入被高报。在中国目前的形势下，资本流出被低报的可能性应该更大些。如果资本未按正规途径流出，当然也就不会被记录在国际收支平衡表之中。这种形式的资本流出，按定义就是资本外逃或涉嫌资本外逃。尽管没有、也不可能有完整的统计数字，但资本外逃是2012年以来中国误差与遗漏规模越来越大的最合理解释。

从国际投资头寸表看资本外逃，从2011年到2016年第三季度，中国累计的经常项目顺差为1.24万亿美元，即中国向海外输出了1.24万亿美元资本，但海外投资头寸表上的海外净资产仅仅增加了0.19万亿美元。这意味着在这段时间里在累计的经常项目顺差和海外净资产增加额中有高达1.05万亿美元的缺口。累计的经常项目顺差和海外净资产增加额之间的缺口可以分解为两个子缺口。其一是经常项目顺差和资本净输出之间的缺口，即国际收支平衡表上的"误差与遗漏"。其二是从资本净输出到海外净资产形成之间的缺口。第一个缺口由上段分析可知误差与遗漏中存在一定规模的资本外逃，而第二个缺口，通过正规途径合法流出的资本可能并未真正转化为中国的海外资产也是受到了资本外逃的影响。

综合以上分析，研究员文末得出结论：中国在最近几年很可能出现了比较严重的资本外逃，中国经济体制、金融体系和汇率体制改革仍需进一步深化，才能抑制住资本外逃。

■ 案例解析

近年来，"资本外逃"这四个字成为了关注中国金融发展的人们耳熟能详的名词。资本外逃是超出正常资产跨国配置战略所需的任何资本外流，具有很大的隐蔽性。由于该行为的隐蔽性以及各国国际收支统计的不完善，资本外逃的规模很难被准确衡量。中国社科院世界经济与政治研究所的研究员余永定与肖立晟使用"误差与遗漏"的统计方法，分析国际收支平衡表上的"经常账户与金融账户缺口"（误差与遗漏 I）累计以及国际投资头寸表上"对外净资产累计与金融账户上资本净流出缺口"（误差与遗漏 II），得出中国近些年来存在比较严重的资本外逃的结论。在2014年前，中国的旅游支出与收入水平相似的其他国家持平，但2014年后，这项支出变得异常的高，可以说伪装成海外旅游支出的资本外流掩盖了资本外逃的规模。一部分企业低报出口，高报进口从而将资产转移出境也造成了资本外逃。此外还有贪污腐败分子及毒品犯罪、走私犯罪分子交易的"黑钱"数目迅速上升，这些非法收入为逃避打击，近年来大量流出境外呈愈演愈烈之势。尽管中国拥有较多的外汇储备，但资本外逃若持续地、大规模地发生，必然会减少国家净资产和国民收入，增加中国偿还外债的负担；洗钱犯罪导致的资本外逃进一步扩大，会严重败坏社会风气，影响社会稳定。这一系列负面影响将最终给一国带来严重的经济后果，阻碍一国发展。因此，一国政府需要保持稳定的政治经济宏观形势，以有利的投资环境留住国内外资本。只有创造一个安全可靠的投资环境，投资者才会有信心，不会因恐慌将资产转移出境。一个国家还需要保护合法合规的私人产权，实现不同所有制经济形式之间的平等待遇，减少富人将资产存放于海外的情况，从而维持国家金融的稳定健康发展。

■ 案例启示

　　资本外逃指由于恐惧、怀疑或为了规避国内的某种风险和管制所引起的资本向其他国家的异常流出。造成资本外逃的原因可能有本国执行的金融压制政策带来低利率、本国较高的通货膨胀带来的实际利率的下降、本国政局的不稳、新的管制政策的出台、法制的不健全等方面。可是资本外逃对一国经济发展是极为不利的，它在短期内会给整个经济社会带来动荡与混乱，还会导致一国财富流失，减少了政府从国内资产中可获取的税收收入，承担起较重的外债负担。因此，国家需要继续完善经济金融体制，从根本上解决非正常的资本外流问题。

■ 案例再现 3

人民币自由兑换进程

中国外汇管理体制改革的长远目标是实现人民币可自由兑换。长期以来，中国一直以渐进式在推进人民币的自由兑换。改革开放以前中国对人民币兑换是高度集中控制，外汇收支由国家管理，外汇业务由中国银行经营，国家对外汇实行全面的计划管理和统收统支。1979年国务院决定实行外汇额度留成，该制度使企业的部分用汇需求在外汇调剂市场得到满足，推动了人民币向可兑换货币方向发展。但是在该时期经常账户下的一部分支付仍需要得到审批才能用汇，外汇留成制度形成的复汇率也不符合经常账户下自由兑换的特征，所以1994年1月1日中国对外汇管理体制又再一次进行改革，使中国实现了经常账户下的有条件可自由兑换。这次改革内容包括：（1）汇率并轨，取消人民币官方汇率，人民币汇率由银行间外汇市场的供求决定；（2）实行结汇制，取消外汇留成制，企业出口所得外汇收入必须于当日结售给指定的经营外汇业务的银行，同时建立银行间外汇买卖市场；（3）实行银行售汇制，取消经常项目下正常对外支付用汇的计划审批，境内企事业、机构和社会团体在此项下的对外支付，可持有效凭证用人民币到外汇指定银行办理购汇。虽然此次改革取消了对经常账户收支有歧视性的多重汇率制，实行以市场供求为基础的、单一的有管理的浮动汇率制度，对境内团体的经常账户下的用汇也完全取消了计划审批，可是经常账户的自由兑换仍然是有条件的，比如对外商投资企业及个人的经常账户下用汇需求始终存在一定约束。1996年，中国再度对外汇管理体制进行改革，将外商投资企业纳入银行结售汇体系，并按经常项目可兑换的要求修改了结汇、售汇和付汇的管理办法。1996年12月1日起，中国承担国际货币基金组织协定第八条款的全部义务，这标志着中国实现了经常账户下人民币的完全可兑换。

　　各国之间相互依存的关系加深，资本往来日渐频繁，中国在促进资本合理流动的前提下，逐渐放松对资本项目的管制。1978年中国首次允许外商到境内直接投资，1979年首次允许中国企业对外投资，1982年首次允许中国企业在境外发行外币债券，1991年设立了专门向外国投资者开放、用外币交易的B股市场，1993年首次允许本国企业在境外发行股票。中国2001年加入世贸组织后，人民币资本项目可兑换的进程进一步加快。2002年6月，中国证监会出台了有关境外证券经营机构和基金管理机构参股于境内中资同类经营机构的管理办法，放松境内企业到境外尤其是香港特别行政区发行股票的限制、放松对境内外资企业和境外企业在境内发行股票并在境内股票市场上市的限制、放松对外企业或金融机构在境内发行公司债券的限制。2004年至2006年期间，中国逐步放松中资金融机构在境外设立分支机构的限制、有条件地放松对中资机构投资者从事境外证券市场交易的限制、基本放开境内企业等机构到境外从事直接投资的限制，有条件地放松居民个人到境外进行直接投资的限制等。2007年以后，根据境内证券市场发展状况，国际接轨状况和其他条件，逐步开放对境外居民个人从事境内证券市场交易的限制、根据境内金融衍生品市场的发展状况，逐步开放对境外金融机构投资者进入境内金融衍生产品市场从事经营活动和交易活动的限制，充分开放对中资金融机构、机构投资者和企业在境外发行证券，从事境外金融经营活动和金融产品交易的限制。自2011年起，进一步推出人民币合格境外投资者，允许境外机构以人民币投资国内金融市场，可以说中国对资本项目是不断地放宽限制，正在逐步实现资本账户的可兑换。

■ 案例解析

　　中国实现人民币经常项目的自由兑换，是向世界发出我们坚持对外开放的信号，将进一步改善外商投资和经营环境，鼓励外商来华投资，促进国际间贸易正常往来。同时对外经济交往的扩大有利于提高国内企业在国际市场的竞争力，从整体上也能提高国民福利、国民经济实力。从资本与金融账户的可兑换的进程来看，资本项目的开放是逐渐的、循序渐进的过程。2001年以前，中国资本与金融账户的开放主要以直接投资为主，其次为外债，证券投资被严格限制，而且是以鼓励流入、限制流出为导向。最开始取消对外资流入中直接投资的限制，当出现金融市场动荡时，大部分外商不会因为暂时的利益而撤出直接投资，所以不会对国内经济造成严重的后果。而证券业属于间接投资，流动性强，监管难度大。证券投资大多是为了追逐短期利益的流动资本，高度的流动性会使其具有潜在的风险性，容易引发金融危机。所以在中国金融市场发展不够深入的情况下，我们对证券投资领域的开放是极为谨慎的。中国在2001年以后才将资本项目的开放延伸到证券投资领域，逐渐减少行政管制，逐渐取消中资与外资企业之间、机构与个人之间的区别待遇。总体而言，中国已经实现经常账户下的自由兑换，如果进一步取消对资本流动的控制，实现资本与金融账户自由兑换，那么一方面可以改善经济供应面的运转，另一方面有助于实现人民币可兑换和国际化目标。这么做还会带来中国极度需要的人民币贬值，可以缓和资本支出缩减带来的影响。私营资本将因此大量流出中国，从而降低人民币汇率，并减少中国巨大的外汇储备。当然这一政策既有巨大的潜在收益，也带来重大风险。因此，取消管制的过程是需要循序渐进的，而不是"大爆炸"式的。

■ 案例启示

从案例中，我们看到一国完成货币完全可兑换的进程中，先从经常账户的有条件兑换开始，再实现经常账户的自由兑换。而资本与金融账户自由兑换有风险，可能会加大市场扭曲、存在道德风险和过度投机行为，最终导致严重金融危机。所以完成资本与金融账户的自由兑换首先需要一国具备一定客观的条件，例如宏观经济状况稳定、金融监管高效稳健，有合理的汇率制度和汇率水平。其次，资本与金融账户的自由兑换是一个循序渐进的过程，一般是先开放相对稳定的直接投资，再开放其他长期资本流动、允许短期资本项下的自由兑换，先鼓励资本流入，再开放资本流出。这样可以在完善一国金融体系的同时，减少国际游资带来的风险和不确定因素。

■ 思考题

1. 请问"复汇率制度是指一国实行两种汇率的制度"，这种说法正确吗？为什么？

2. 货币高估的影响有哪些？

3. 固定汇率制与浮动汇率制各自的优点以及一国该如何选择其汇率制度？

4. 直接管制是政府用行政手段对贸易与非贸易外汇买卖的金额和价格以及外汇资金进出国境的流动性实行某种程度的限制性和保护性的政策措施，对外汇交易方面的管制主要包括哪些形式？

5. 资本外逃是否等同于资本外流？

6. 货币替代常伴有资本外流，那么资本外流是否等同于货币替代？

■ 参考答案

1. 错，复汇率制是指一国实行两种或两种以上的汇率制度。

2. 货币高估是汇率失调的一种表现，汇率水平长期低于合理的均衡水平，不利于一国以及与其他相关国家的经济发展与合作。货币被高估时，进口与原来数量相同的外国产品的支出减少，即可以用较少的实际资源来换取别国较多的实际资源。但是本国产品的国际竞争力被削弱，出口收入也随之减少，从而引起一国的国际收支困难，长此以往会对国家的经济发展造成严重影响。

3. 没有任何一种汇率制度对于所有国家或者一个国家所有时期来说都是最好的选择，不同国家选择何种汇率制度取决于其不同时期的经济环境。在不同环境下，一国在固定汇率制与浮动汇率制之间权衡，最后做出决定。固定汇率制最大的优点就是其可信、稳定性。首先，固定汇率制下的投机行为具有稳定性，因为投机者预期汇率会向固定水平调整。其次，政府在固定汇率制度中占主导地位，使得市场参与者的心理上存在名义锚，并通过影响投机者的预期对实现汇率的稳定施加影响，消除不确定性。固定汇率制还可以防止货币当局对货币政策的滥用，增强可信度。浮动汇率制有很强的灵活性。当一国的国际收支出现失衡，浮动汇率制下的自动调节机制会使汇率自动进行调整，增加了本国经济政策的自主性，还能够抵御国外经济波动对本国经济的冲击以及在浮动汇率制下一国无须保有太多的外汇储备，减少了持有外汇储备的机会成本。一国相机抉择适合自身发展的汇率制度时要考虑的因素包括本国经济的结构性特征、特定的政策目的、地区性经济合作情况和国际经济条件的制约。

4. 对外汇交易的管制主要包括对三个方面的限制：对货币兑换的管制，这主要是对国际收支不同账户的兑换条件进行限制，是外汇管制的核心；对汇率水平的管制，主要是政府在对外贸易中实施有差别的汇率制度比如复汇率制度；对外汇资金收入与运用的管制。

5. 资本外逃不同于资本外流，它是由于恐惧、怀疑或为规避某种风险和管制所引起的资本向其他国家的异常流动，是一种出于安全或其他目的而发生的、非正常的资本流动。

6. 货币替代与资本外流不同，存在货币替代时，如果外币资产没有转移到境外而是存放在境内，就没有形成资本流出。

第八章

其他政策

1．了解国际储备的组成和作用，熟悉国际储备政策的作用机理。

2．熟悉供给政策的主要作用机理和手段。

第一节　国际储备政策

一、国际储备的构成

国际储备主要由自有储备和借入储备构成，其中自有储备包括黄金储备、外汇储备、在国际货币基金组织的储备地位和在国际货币基金组织的特别提款权余额，借入储备包括备用信贷、互惠信贷以及诱导性储备。

表 8-1　国际清偿力（广义的国际储备）的构成

自有储备 （狭义的国际储备）	借入储备	诱导性储备 （借入储备的广义范畴）
黄金储备 外汇储备 在国际货币基金组织的储备地位 在国际货币基金组织的特别提款权余额	备用信贷 互惠信贷	商业银行的对外短期可兑换货币资产

二、国际储备的作用

从世界范围来看，国际储备起着媒介国际商品流动和世界经济发展的作用。

从一国角度来看：

1. 清算国际收支差额，维持对外支付能力；

2. 干预外汇市场，调节本国货币的汇率；

3. 充当一国对外的信用保证。

三、国际储备的管理

（一）国际储备的数量管理

决定一国最佳储备量的因素包括：

1. 进口规模。进口规模越大，国际储备数量越大。

2. 进出口贸易差额的波动幅度。进出口贸易差额的波动幅度越大，国际储备数量越大。

3. 汇率制度。固定汇率制下，国际储备数量越大。

4. 国际收支自动调节的效率。效率越高，国际储备数量越少。

5. 持有储备的机会成本。持有储备的机会成本越高，国际储备数量越少。

6. 金融市场的发育程度。金融市场的发育程度越高，国际储备数量越少。

7. 国际货币合作情况。国际货币合作越多，国际储备数量越少。

8. 国际资金流动情况。国际资金流动越多，国际储备数量越大。

（二）国际储备的币种管理

主要原则包括：

1. 币值的稳定性。

2. 盈利性。

3. 国际经贸往来的方便性。

■ **案例再现 1**

当前外汇储备投资以安全性为主，美债仍是主要选择[①]

中国由于双顺差积累了大量外汇储备，这些外汇储备的绝大多数投资于美国国债，因此关于中国货币当局减持美债的传言不断。2018年1月10日，有外媒报道称，中国部分高层官员在对外汇储备投资评估后，认为美国国债吸引力减弱，建议减缓或暂停增持美国国债。消息传出后，10年期美债收益率短线拉涨，日内涨幅扩大至4.7个基点。美元兑人民币大幅贬值，当天人民币升值0.24%，再次回到6.5050一线。

2016年10月以前，中国长期成为美国国债最大持有者，2016年10月后被日本反超；2017年上半年连续五个月增持后，中国再次成为美国国债第一大海外持有国。美国财政部月度数据显示，中国在2017年多数时间增持美国国债，其中10月增持约84亿美元，2017年持有总量达到1.19万亿美元。

中国投资美债看起来很荒谬——中国以原材料、能源、廉价劳动力和环境被破坏的代价，出口产品得到美元，但这些美元大多没有用来购买美国的产品和服务，而是去投资利息极低的美国国债；美国人一方面消费中国出口的产品，另一方面得到中国购买美国国债的美元从而进行投资和消费，进一步推进美国的经济增长。

而事实远非如此。中国和美国在国际经济贸易体系中的合作，是典型的技术创新型经济体和低端制造型经济体的分工模式。中国低端制造廉价产品卖给美国，满足美国人的基本消费，发展中国的经济，提高中国民众生活水平，进而逐步提高中国科技创新水平。

---

① 资料来源：当前外汇储备投资以安全性为主，美债仍是主要选择 [OL]. 搜狐网，2018-01-11.

这种模式反映在货币上表现为中国在高峰时拥有4万亿美元外汇储备，庞大的外汇储备反映的是中国所拥有的国际购买力。这个庞大的顺差不仅包括出口商品顺差换来的外汇，还包括资本项目顺差换来的外汇，后者中大部分是套利的热钱。为了抑制人民币汇率，支持出口，央行发行货币购买热钱。这种操作导致了中国外汇储备必须投资安全性和流动性非常好的美国国债。

在当前的国际经济环境下，全球经济全面复苏，中东局势动荡，油价持续上涨，可能导致中国输入性通胀；美国经济复苏，现又采取减税政策，对国内经济造成很大压力，在防范风险为重的前提下，外汇储备的投资更需要注重流动性和安全性而非收益。

■ 案例解析

当前，对外汇储备购买美国国债存在一定争议。现分析如下：

一、中国持有的外汇储备投资现状

中国在国际收支双顺差下拥有大量外汇储备，而大部分外汇储备被用于投资收益率低的美国国债。中国长期作为美国国债第一大海外持有国。当"中国考虑减缓或暂停增持美债"的消息传出后，人民币相对美元升值，美国国债收益率略有上调。后外汇局回应，这一传闻不实。中国外汇储备始终按照多元化、分散化原则进行投资管理，保障外汇资产总体安全和保值增值。与其他投资一样，外汇储备对美国国债的投资是市场行为，根据市场状况和投资需要进行专业化管理。无论是对外汇储备自身还是对所参与的市场而言，中国外汇储备经营管理部门都是负责任的投资者，相关投资活动促进了国际金融市场的稳定和中国外汇储备的保值增值。

二、中国将外汇储备投资于美债的原因

1. 安全性。美国国债是美国政府发行的，信誉较高，安全性好；全球金融市场仍然面临着较大的不确定性，例如全球地缘政治冲突加剧、欧元区与美国国内政治存在较大的不确定性等，美国国债作为一种避险属性较强的资产，更易受到外汇储备投资者的青睐。

2. 流动性。中国持有较多的外汇储备，其中有一大部分是由资本项目顺差导致的热钱，容易流出本国，所以为了稳定人民币汇率，央行应该持有充足的美元流动性，以避免出现金融危机；美国国债是流动性较好的资产，可以较方便地兑换成美元资产，以便在央行流动性不足的时候发挥作用。

3. 收益性。在全球的背景下，世界金融资产价格波动性强，收益率仍然不稳定，而且金融风险散播相对容易，往往一国的危机因素辐射到多个地区，进一步导致了金融资产收益率的不确定。这种背景下，全球投资者的风险偏好可能下降，避险情绪可能上升，更倾向于选择收益率虽然较低，但是相对稳定的美国国债。

三、中国的外汇储备管理展望

1. 中国投资者可能会减持美国国债。一方面是中国投资者主动实施全球投资的多元化，可能会投资于其他金融产品；二是中国外汇储备略有下降，使得中国投资者被动减持美国国债。

2. 减持规模不大。随着中国外汇储备的下降，中国官方投资者可能会更加关注外汇储备的流动性，更加忽视外汇储备的盈利性。所以，美国国债仍然是中国外汇储备投资的主要部分。

■ 案例启示

国际储备由自有储备和借入储备构成，自有储备包括黄金储备、外汇储备、在国际货币基金组织的储备地位和在国际货币基金组织的特别提款权余额。其中，外汇储备是当今国际储备中的主体，因为外汇储备在实际中的使用频率最高，规模最大。

在布雷顿森林体系下，外汇储备的供应主要依靠美元。美国通过其国际收支逆差，使大量美元作为一种世界性货币流出美国，其中一部分被各国政府占有，形成各国的美元储备。

布雷顿森林体系瓦解之后，除美国外的一些国家如日本、联邦德国在经济上发展迅速、地位升高，储备货币的供应不再局限于美元。目前，美元在世界外汇储备中所占的比重仍然最大，各国更愿意接受美元作为世界性货币。

■ 案例再现 2

外汇储备两年降25%　我们的一万亿美元去哪了？[①]

2016年11月底，中国外汇储备规模为3.05万亿美元，较2016年10月底下降691亿美元，降幅为2.2%。最近5个月，外汇储备规模一直下降，这次达到了2016年1月以来的最大降幅。数据显示，中国的外储从2000年开始大规模增长，从1 600多亿美元攀升至2014年的近4万亿美元。其中，2014年6月最高，达39 932.13亿美元。自2014年以后外汇储备一路

---

① 资料来源：巴九灵．外汇储备两年降25%　我们的一万亿美元去哪了？[OL].新浪财经，2016-12-12.

下降，2015年下降了近5 000亿美元，2016年也在下降，如今逼近3万亿美元。即使这样，中国的外汇储备规模仍接近全球外汇储备的30%，居全球首位。

■ 案例解析

一、中国外汇储备规模下降

中国的外汇储备规模自2000年到2014年飞速增长，在2015年和2016年不断下降，两年内流失了大约1万亿美元。虽然如此，中国的外汇储备规模仍然居世界首位，远超其他国家。

二、外汇储备规模下降的原因

1. 全球局势的影响。美联储加息，美财政减税，使得美元走强，包括人民币在内的其他货币相对贬值。一方面，人民币正处于逐步成为世界货币的关键阶段，政府为了稳定人民币币值，增强投资者对中国经济的信心，就用外汇储备购买国际市场上流通的人民币，以缓冲人民币贬值，稳定人民币汇率。另一方面，除美元外的其他货币贬值，意味着中国持有的非美元外汇储备相对贬值，折合成美元后，反映出来的就是美元储备规模下降。

2. 中国政策法规的影响。国家支持人民币"走出去"的政策，努力提升人民币在世界各国的接受程度，在对外投资结算时更多地使用人民币而非美元，所以美元外汇储备下降。

3. 资本外逃可能是隐藏原因。资本外逃是指由于恐惧、怀疑或为了规避某种风险和管制所引起的资本向其他国家的异常流动。投资者预期人民币贬值，会把资产挪到国外，获取更高的收益，因而导致外汇储备下降。资本外逃对一国经济发展十分不利，短期内可能会带来经济混乱和动荡；长期内会降低本国可使用的资本数量，减少政府从国内资产中可得到的税收收入，增加国家的外债负担。

三、外汇储备规模下降的影响

1．2014年中国的外汇储备将近4万亿美元，规模过大，而今下降至3万亿美元，缓解了流动性过剩的局面，降低了持有外汇储备的成本，提高了资产配置效率。

2．外汇储备规模如果进一步下降，可能导致人民币进一步贬值，即人民币自我贬值的预期实现。此时会给央行带来不确定的因素和流动性不足的风险，降低投资者对人民币币值稳定的信心，不利于中国经济的稳定与发展。

四、政府应该如何应对

1．政策上，限制资本外流的速度和规模，控制资本存量。

2．心理上，向投资者发出信号，保证人民币不会贬值，提高投资者对人民币币值稳定的信心。

■ 案例启示

国际储备的作用，可以从两个层次上来理解。第一个层次是在世界范围内，国际储备起着媒介国际商品流动和世界经济发展的作用。第二个层次是具体到每一个国家来说，国际储备有以下三个作用：（1）清算国际收支差额，维持对外支付的能力；（2）干预外汇市场，调节本国货币的汇率；（3）作为信用保证，比较充足的国际储备有助于提高对该国的债务清偿和货币稳定性的信心。一国应该综合考虑国内外因素动态调整外汇储备规模。

■ 案例再现 3

评论：中国外汇储备多大规模才合理①

2011年4月14日，央行公布的数据显示，截至3月末，中国外汇储备余额已突破3万亿美元大关，稳居全球第一。外储规模从2万亿美元增至3万亿美元不到两年时间。但是，中国人民银行行长周小川在清华大学金融高端讲坛上发言时坦言，外汇储备已经超过了中国需要的合理水平。

毋庸置疑，近年来的外汇储备大幅度增长，一方面印证了中国产品出口贸易势头强劲；另一方面，也能使国家利用手中"余粮"，应对世界性的经济棘手问题。但是我们也必须看到，过多的外汇储备也会为经济的平稳运行增添"隐忧"。

财政部副部长李勇认为，中国外汇储备以美元和欧元资产为主，欧元和美元的"轮番"贬值，不但使中国外汇储备出现账面亏损，而且加大了中国外汇储备币种管理的难度。发达国家新一轮量化宽松政策，给中国带来较大的资产泡沫风险和通货膨胀压力。

根据国家外汇管理局统计，第一季度中国贸易出现了10.2亿美元的逆差，但是外汇储备却增加1 974亿美元。国际"热钱"大举流入中国，过去10年年均流入近250亿美元，占同期外汇储备增量的9%。国际市场大宗商品价格不断上涨，输入性通胀压力仍然较强。

周小川指出，外汇积累过多，导致市场流动性过多，增加了央行对冲工作的压力。

首都经贸大学金融学院院长谢太峰强调，中国持有外汇储备越多，央行投入基础货币的规模也就越大，现在货币发行量已经是超规模了，一旦外汇增加央行就需要发行更多的货币来进行对冲。而要解决外汇储备过量的问题，最根本在于改革中国的外汇储备体制。

---

① 资料来源：评论：中国外汇储备多大规模才合理 [OL]. 人民网，2011-04-22.

■ **案例解析**

中国出口贸易发展迅速，规模大，出口量的增大要求持有较多的外汇储备。但是，外汇储备的规模并非越大越好。外汇储备规模过大，导致政府持有的流动性过剩，一方面，央行投入基础货币的规模会相应增大，导致货币发行过多；另一方面，美元和欧元储备贬值时，中国面临着资产泡沫风险和通货膨胀压力。

所以中国政府应该保持适度规模的外汇储备。

（1）改革外汇储备管理体制。现有外汇管理体制已不适应经济发展新形势，2002年以来，中国外汇储备呈现高速增长态势，由此带来的流动性过剩与外汇储备的管理问题，引起政府部门的高度关注。后来，中国形成以国家外汇管理局和中投公司"并驾齐驱"的外汇储备管理体系。外汇储备规模达到3万亿美元后，人民币出现贬值预期，外汇储备一度出现增长放缓趋势。外汇储备管理的一系列问题也凸显出来。所以更有必要系统、科学地对外汇储备管理体制进行顶层设计，建立健全与现代经济体系相适应的外汇储备管理体制。

（2）中国经济结构调整和优化升级加快进行，经济基本面有望延续稳中向好态势。全球经济同步复苏，主要央行将逐步收紧货币政策。在基本面因素的推动下，中国跨境资本流动和外汇供求将更趋平衡，人民币汇率双向浮动的特征将更加明显。在国内国际经济金融形势的共同作用下，中国外汇储备规模将保持总体稳定。

（3）外储内用。在全球经济衰退加剧，各国经济增长速度下滑的背景下，将部分外汇储备转化为发展性储备来刺激本国经济发展，维持各项经济指标的稳定实现，是一项非常合理的举措。外储内用可以利用外汇储备引进国外的先进技术和关键设备，鼓励优质企业进行对外直接投资或者海外收购，利用外汇储备对金融机构注资改造，将部分外汇储备投资于国计民生等方面的建设。

■ **案例启示**

　　国际储备在一国发展中起着重要的作用，因而对国际储备规模的管理十分关键。美国耶鲁大学教授罗伯特·特里芬提出一国国际储备的数量应控制在进口数额的30%~40%。此后，综合研究发现，决定一国最佳储备量的因素包括：（1）进口规模；（2）进出口贸易差额的波动幅度；（3）汇率制度；（4）国际收支自动调节机制和调节政策的效率；（5）持有储备的机会成本；（6）金融市场的发育程度；（7）国际货币合作情况；（8）国际资金流动情况。

　　国际储备量的影响因素很多，有政治的、社会的，也有经济的，实际情况往往更加复杂。一般来讲，确定最佳储备量需要结合实际，综合考虑这些因素。

第二节　供给政策

■ **知识点串讲**

一、供给政策的理论依据

　　结构分析法指出，国际收支逆差尤其是长期性的逆差，既可由长期性的过度需求产生，也可以是长期性的供给不足引起的。而长期性的供给不足往往是由经济结构问题引起的。引起国际收支长期逆差或长期逆差趋势的结构问题主要分为以下三种表现形式：经济结构老化、经济结构单一、经济结构落后。

国际收支的结构性不平衡，既由长期的经济增长速度缓慢和发展阶段的落后所引起，又成为制约经济发展和经济结构转变的瓶颈，进而形成恶性循环。发展经济需要有一定数量的投资和资本货物的进口，而国际收支的结构性困难和外汇短缺却制约着这种进口，经济发展和结构转变变得十分困难。由于国际收支的结构性失衡的根本原因，导致经济发展速度的长期缓慢甚至停滞和经济发展阶段的落后，经济结构的老化和单一，因此，支出增减型政策和支出转换型政策不能从根本上解决问题，有时甚至是十分有害的。

二、供给政策的主要内容

供给政策作为对开放经济的总供给方面进行调控的政策工具，其范围非常广泛，三个主要的侧重点是科技政策、产业政策、制度创新政策。

科技政策。科学技术是第一生产力。现代各国之间的经济竞争越来越体现为科技水平上的竞争，知识在经济增长中的核心作用已成为各国共识。发展中国家的科技政策应注意以下三个方面：推动技术进步、提高管理水平、加强人力资本投资。

产业政策。产业政策的核心在于优化产业结构。一国政府应制定出正确的产业结构规划，一方面鼓励发展和扩大一部分新兴产业，同时另一方面对一些落后产业部门进行调整限制乃至于取消。政府实施产业政策的重点在于克服资源在各产业部门间流动的障碍，因此政府要在宏观上予以协调，建立解决结构性失业的社会保障制度和支持再就业制度。

制度创新政策。制度创新政策是针对发展中国家经济中存在的制度性缺陷而提出的，这方面最明显的例子就是国有企业问题。制度创新政策主要体现在企业制度改革上，包括企业创立时的投资制度改革、企业产权制度改革，以及与此相适应的企业管理体制改革。富有活力的、具有较高竞争力的微观经济主体始终是开放经济实现内外均衡目标的基础。

三、供给政策特点与运用

对于供给政策在开放经济搭配中的运用，重点注意以下三点：

第一，供给政策的特点在于长期性与微观性。从长期性看，供给政策的实施过程尤其是收到效果所需要的时间是相当长的，它只有在较长时期内才能完全发挥对总供给的影响，这就决定了它在短期内不可能发挥明显效果，不可能作为政策搭配的应急工具使用。从微观性看，供给政策所作用的对象基本上都是微观经济的企业或个人，它是通过微观经济主体的行为调整而收到成效的，这是它与其他宏观政策不同的地方。

第二，供给政策在政策搭配中居于重要的位置。越来越多的人认识到，当开放经济失衡的根源在于供给方面时，仅仅对需求进行调整是很难从根本上奏效的，在有些情况下甚至会带来灾难。

第三，在长期中，供给政策与需求政策的搭配就体现为在经济发展中实现的开放经济的内外均衡。这样，对内外均衡问题的研究就需要进行动态调整，并与经济发展相联系。在经济发展中实现内外均衡是国际金融学所要研究的新的课题，它在某些程度上是综合了国际金融学与发展经济学的新兴边缘学科，这对于国际金融学的进一步发展是具有重要意义的。

■ **案例再现**

中国的供给侧改革

资料一：据新华社消息，中共中央总书记、国家主席、中央军委主席、中央财经领导小组组长习近平2016年1月26日下午主持召开中央财经领导小组第十二次会议，研究供给侧结构性改革方案、长江经济带发展规划、森林生态安全工作。习近平发表重要讲话强调，供给侧结构性改革的根本目的是提高社会生产力水平，落实好以人民为中心的发展思想。要在适度扩大总需求的同时，去产能、去库存、去杠杆、降成本、补短板，从生产领域加强优质供给，减少无效供给，扩大有效供给，提高供给结构适应性和灵活性，提高全要素生产率，使供给体系更好适应需求结构变化。[①]

资料二：里根经济学：降税、放松管制。两次修订税收法案，大规模减税；放松市场管制，放松了航空、铁路、汽车运输、电信、有线电视、经纪业、天然气等许多行业的干预和管制；放松反托拉斯法的实施，鼓励企业合理地竞争；放松石油价格管制；放松对汽车行业的管制；放松劳动力价格管制；加大对中小企业支持；鼓励企业创新，推动产业结构转型；推进利率市场化改革；减少社会福利；签订广场协议，贬值美元，降低贸易赤字。[②]

资料三：随着时间的推移，需求侧管理所产生的副作用正日渐明显。2008年国际金融危机之后，美国、欧洲经济一蹶不振，外需一路下滑，已不能对中国经济形成重要支撑。由于存在诸多结构性问题，中国经济也进入了下行的通道，从此前的两位数下降为一位数。进入2015年

---

① 资料来源：林远. 习近平. 从生产领域加强优质供给 [OL]. 新华网，2016-01-27.

② 资料来源：任泽平. 美国里根时期供给侧改革的挑战、应对与启示 [OL]. 财经网，2016-04-18.

以来，经济下行的基本态势不变，各类衡量经济发展的指标如GDP、CPI、PPI等，连续多月低迷。整体上看，我国经济出现了"四降一升"的状况，即经济增速下降、工业品价格下降、实体企业盈利下降、财政收入增幅下降、经济风险发生概率上升。为保持经济稳定，政府先后通过加大投资、降息降准等，试图稳住经济下行的态势，但较之从前，以需求侧为主的管理所取得的效果日益下降，相反，为此付出的代价则越发明显。进入"三期叠加"的中国经济，转型升级的需要比以往任何时候都更加迫切。但解决中长期经济问题，传统的凯恩斯主义药方有局限性，根本解决之道在于结构性改革。我国必须适时向供给侧结构性改革转化。①

资料四：2017年1月下旬，中国经济2016年年度成绩单就将出炉。据测算，2016年中国的经济总量有望突破70万亿元人民币，增量与5年前年增长10%时的增量基本相当，相当于1994年中国经济的总量，在全球主要经济体中十分突出。

无论是经济平稳增长，还是产业结构优化，都离不开积极主动的供给侧改革措施。国家发展改革委主任徐绍史表示，2016年供给侧改革主要取得了四方面成效：

一是"三去一降一补"初见成效。例如，去产能年度任务提前超额完成，不少相关企业扭亏为盈，煤炭企业的利润也增长了1.1倍。同时，市场化债转股和企业兼并重组有序推进，实体经济成本有所下降，重点领域补短板工作取得积极成效。

二是政府、市场、企业取得了大量探索经验。政府探索建立了一些市场机制，如中长期合同制度、储备产能制度等。市场在配置资源中的决定性作用更加充分，交易方式多元，适应消化能力在增强。有一批企业进行了兼并重组，资产估值大幅度上升。

---

① 资料来源：国家行政学院经济学教研部．中国供给侧结构性改革 [OL]．人民网，2016–02–16．

三是认识和工作在不断深化。例如，钢铁、煤炭去产能有序推进，水泥、平板玻璃、造船等行业的去产能也在自觉推进，大家主动减量、优化存量、引导增量。

四是各方评价积极。中国供给侧改革在国际上赢得了更多认同。不少国家都意识到持续量化宽松货币政策的局限，对结构性改革更加关注和重视。[①]

资料五：从供给侧结构性改革来看，"三去一降一补"五大重点任务完成情况较好。去产能方面，政府工作报告提出的钢铁、煤炭和煤电去产能已经完成。去杠杆方面，从微观杠杆率看，2017年11月末规模以上工业企业资产负债率同比下降了0.5个百分点。去库存方面，2017年末全国商品房待售面积比2016年末减少了1.1万亿平方米，比2015年末减少了1.3万亿平方米。降成本方面，2017年持续减少了1万亿平方米。补短板方面，体现在农业投资、水利管理业投资以及生态保护和环境治理业投资实现较大增长。[②]

资料六：黄群慧认为，当前理论界对供给侧结构性改革的解读有些混乱，其中有三个错误倾向必须加以澄清。

一是"箩筐"倾向，无论什么样的政策工具或者改革措施，都一揽子归为供给侧结构性改革，甚至刺激需求总量的一些短期政策也被归结到"供给侧结构性改革"中。

二是"帽子"倾向，仅仅将自己认可的某方面政策工具或者改革措施戴上供给侧结构性改革的"帽子"，并标榜只有这才是供给侧结构性改革的核心，而不能全面联系地理解供给侧结构性改革。例如，认为供给侧就是生产制造环节，或者认为供给侧结构性改革的政策核心是去产

① 资料来源：王俊岭．2016年供给侧改革取得四大成效　今年将扩围提效 [N]．人民日报海外版，2017-01-11．

② 资料来源：畅帅帅．"主动作为"谱新篇　供给侧改革助2017年GDP超预期增长 [OL]．中国网，2018-01-19．

能、去库存，或者只片面强调供给，而不能辩证地看到需求和供给的依存关系。

三是"标签"倾向，将供给侧结构性改革贴上了西方供给学派和新自由主义框架下"结构改革"标签。供给侧结构性改革是中央基于我国经济新常态的重要判断、从中国特色社会主义政治经济学理论出发提出的一项重大战略，与西方供给学派和新自由主义的政策主张迥然不同。①

■ **案例解析**

中国的供给侧改革并不能称为首创，在世界范围内有过很多供给侧改革的成功的案例。比如，美国于20世纪七八十年代就曾经出现"大萧条"，同时陷入高失业率与高通货膨胀的困境之中，就是通过从供给侧着手的"新经济政策"才得以走出困境，赢得冷战，击败日本，重新领导世界经济。

中国经济自改革开放以来，国民生产总值与人均可支配收入有大幅提高，GDP年增长率保持较高水平。但随着国民经济持续发展，经济改革日益深入，中国的经济发展开始遇到瓶颈，世界范围内贸易保护主义抬头、优厚的人口红利快速削减，众多诸如国有企业行业垄断、政策法规限制、法律建设不完善等问题也制约了经济的增长速度。一时间对于中国经济"硬着陆"的说法也甚嚣尘上。

中国政府不但作为"看得见的手"影响着市场因素，也及时认识到经济运行中存在的隐患，积极寻找经济发展出路，规划中国市场蓝图。

---

① 资料来源：金辉．警惕供给侧改革中的错误倾向 [N]．经济参考报，2016-12-28．

基于现实的经济环境与条件，供给侧改革进入了大众的视野，也被作为接下来政府提振经济的主要方向。在本章的学习中，我们可以了解到供给侧改革的基本思路，还是以政策扶植、技术创新、调整产业结构、创新管理制度等为主要手段。

因供给端调整往往需较长时间，短期还难以看出供给侧改革所带来的变化。但在新闻与政府报告中，我们也能看到政策调整后的两年来供给侧改革所取得的先期成果。

当然，我国的供给侧改革也并非完美无缺，客观上存在着一些问题。对于改革的强度和力度，改革的范围，改革最终的目的等诸多问题，不同学者都有不同的观点。但不可否认，供给侧改革是解决中国当前产能过剩、产业老化、结构落后等诸多问题的明确出路。

■ 案例启示

在分析一国实现内外均衡的政策工具中，研究的着重点在需求方面，即政府如何利用各种政策调节总需求的水平及其内部结构，使之与总供给保持平衡，从而在此基础上实现开放经济的内外均衡。采用这样做法的理由在于：总供给的调整需要经过较长时期完成，一般是由劳动生产率的提高所实现。与总供给相比，总需求更容易在较短时期内被政府的经济政策所影响，因此调节需求水平成为一国宏观调控的重点，这一宏观调控也可称为"需求管理"。另外，供给状况也会深刻影响到开放经济运行。在许多国家尤其是广大的发展中国家，经济发展水平较低，其内外均衡目标难以实现的重要原因在于经济供给的低效率，因此供给政策也应是政府政策搭配的重要内容。

■ **思考题**

1. 判断正误并说明原因。

（1）目前，国际储备中最重要的资产是黄金。（　）

（2）国际清偿力实际上就是国际储备。（　）

（3）特别提款权是国际货币基金组织根据成员国的份额无偿分配的，可用于归还IMF贷款和成员国政府之间弥补国际收支赤字的一种实际资产。（　）

（4）用外汇储备购买外国黄金，不仅会改变该国国际储备的构成，而且会增大其国际储备的总额。（　）

（5）一般认为实行浮动汇率制有助于一国减少其外汇储备的大量流失。（　）

2. 试论述影响国际储备需求数量的主要因素。

3. 在实现内外均衡目标的政策搭配中，一国应如何使用国际储备政策？

■ **参考答案**

1.

（1）×

目前，国际储备中最重要的资产是外汇储备，在IMF成员国国际储备总额中占90%以上比重。

（2）×

国际清偿力是广义上的国际储备，它包括狭义上的国际储备和诱导性储备。

（3）×

特别提款权不是实际资产，是一种账面资产。

（4）×

国际储备中包括外汇储备和黄金储备，所以用外汇储备购买黄金，不会改变该国国际储备的构成，只是会改变国际储备的构成。

（5）√

在浮动汇率制度下，各国货币当局没有义务维持货币的固定比价。当本币汇率下跌时，不必动用外汇储备去购进被抛售的本币，这样可以避免这个国家外汇储备的大量流失。

2.

（1）进口规模。进口规模越大，国际储备数量越大。

（2）进出口贸易差额的波动幅度。进出口贸易差额的波动幅度越大，国际储备数量越大。

（3）汇率制度。固定汇率制下，国际储备数量越大。

（4）国际收支自动调节的效率。效率越高，国际储备数量越少。

（5）持有储备的机会成本。持有储备的机会成本越高，国际储备数量越少。

（6）金融市场的发育程度。金融市场的发育程度越高，国际储备数量越少。

（7）国际货币合作情况。国际货币合作越多，国际储备数量越少。

（8）国际资金流动情况。国际资金流动越多，国际储备数量越大。

3. 对于开放经济政策搭配中国际储备政策的运用，主要考虑以下三点：

（1）对于经济中出现的暂时性冲击，可以完全通过使用国际储备而不必对经济进行大的调整。开放经济中面临的许多冲击都是随机出现、易于反复的，在这种情况下调整经济的成本太高且不必要。所以，使用国际储备政策可以避免经济不必要的调整。

（2）对于导致经济基本运行条件发生变化的冲击，应以政策调整为主，国际储备政策可以发挥缓冲、协调作用。调整经济结构的效果要在长期内才能实现，而国际储备政策的效果更加迅速，可以为经济结构的调整创造过渡条件。

（3）从根本上，其他政策实施效果直接影响到国际储备政策的运用。

第九章

国际政策协调

第一节　国际政策协调的理论

一、国际经济政策的三种传导机制

两国的国民收入通过贸易收支发生联系；两国利率水平通过外汇市场发生联系；两国的价格水平也通过实际汇率发生联系。因此，我们分析当一国经济面临突然冲击时，这一冲击在开放经济之间进行传递时存在的三种冲击传导机制：

第一，收入机制。一国边际进口倾向的存在，使得一国国民收入的变动导致该国进口（即另一国出口）发生变动，这通过乘数效应带来另一国国民收入的变动。由于绝大多数国家之间都存在着商品贸易联系，因此这一机制是非常重要的。

第二，利率机制。利率机制对冲击的传导主要是通过国际资金流动进行的。资金流动的目的在于追求高利息收入，当一国利率发生变动时，势必带来资金在国家间的流动，这便会带来相应变量（例如外汇储备或汇率）发生变动，从而对另一国经济产生影响。显然，国际资金流动程度越高，这一机制对冲击的传导效果就越显著。

第三，相对价格机制。由于实际汇率是由名义汇率和价格水平共同决定的，相对价格机制分为两类：其一是名义汇率不变，但一国国内的价格水平发生变动；其二是本国名义汇率发生变动而价格水平不变。上述任何一种变动都会引起实际汇率的变动，带来两国商品国际竞争力的变化，从而对别国经济产生冲击。

在以下的分析中，我们将指出一国经济结构调整如何通过上述机制对别国产生影响。为使分析尽可能地简单易懂，我们暂时不考虑相对价格机制的影响。另外，我们仅考虑本国变量对外国造成的溢出效应，而不考虑外国变量进行调整后又引起本国变量相应变动的反馈效应。

二、固定汇率制下经济政策的国际传导

（一）货币政策的国际传导

在固定汇率制下，货币政策扩张带来以下结果：

第一，本国产出的上升。在一国条件下，货币政策在资金完全流动时是无效的。此时货币政策之所以能发挥效力，是因为它可以通过影响国内利率最终对世界利率产生影响。

第二，外国产出的上升，即国内货币政策对外国经济有正的溢出效应。这一溢出效应通过收入机制与利率机制发挥作用，即本国收入增加通过本国进口的上升造成外国国民收入增加；本国利率降低通过资金流动使外国货币供给增加、利率下降，这也造成外国国民收入的增加。

（二）财政政策的国际传导

在固定汇率制下，财政政策扩张带来以下结果：

第一，本国产出的上升。与一国条件下相比，财政政策对本国产出的扩张效应略低，这是因为此时它会通过对国内利率的影响导致世界利率水平的上升，这对投资产生了一定的挤出效应。

第二，外国产出的上升，即国内财政扩张政策对外国经济有正的溢出效应。这一溢出效应也是通过收入机制与利率机制发挥作用的，即

本国国民收入增加通过本国进口的上升造成外国国民收入增加，而本国更高的利率水平通过资金流动使外国货币供给减少，利率上升，这又抵销了一部分收入的增加。可见，此时财政政策的溢出效应低于同等情况下货币政策的溢出效应。

三、浮动汇率制下经济政策的国际传导

（一）货币政策的国际传导

在浮动汇率制下，货币政策扩张带来以下结果：

第一，本国产出的上升。与一国条件下相比，此处货币政策对本国产出的扩张效应略低，这是因为本国货币扩张造成了世界利率水平的下降，本国货币贬值幅度减小了。

第二，外国产出的下降，即国内货币政策对外国经济有负的溢出效应，这一负溢出效应是因为在本国收入增加通过收入机制带来外国国民收入一定增加的同时，本国较低的利率通过利率机制使本国货币贬值、外国货币升值，这使得外国经常账户恶化，从而带来外国国民收入更大程度的下降。因此，此时的本国货币扩张是一种典型的"以邻为壑"政策，本国产出扩张的一部分是以外国产出的相应下降实现的。

（二）财政政策的国际传导

在浮动汇率制下，财政政策扩张带来以下结果：

第一，它造成本国产出的上升。与一国条件下相比，此处本国财政政策对本国产出存在扩张效应，这是因为此时它会通过对国内利率的影响而导致世界利率水平的上升，这使得财政政策的扩张效应不会完全被本国货币升值而抵消。

第二，它造成外国产出的上升，即本国财政扩张政策对外国经济有正的溢出效应。这一溢出效应也是通过本国收入机制与利率机制发挥作用，即本国国民收入增加通过本国进口的上升造成外国国民收入增

加，而本国更高的利率水平通过本币升值使外国出口增加从而进一步提高了外国的国民收入。可见，此时财政政策的溢出效应与货币政策的溢出效应正好相反。

在本节中，我们通过两国蒙代尔—弗莱明模型分析了各国经济之间存在的相互依存性，这一相互依存性是我们理解国际政策协调问题的前提。我们可以将本节内容小结如下：

第一，开放经济之间通过收入机制、利率机制、相对价格机制等途径相互联系，这使得冲击可以进行国际传导，各国经济存在相互依存性。

第二，利用最简单的两国蒙代尔—弗莱明模型，我们可以得出一国财政、货币政策对别的国家会产生溢出效应的结论。这一溢出效应的存在，使得一国实现内外均衡目标时会受到来自一国经济外部的制约，一国不可能完全不考虑各国经济之间的相互依存性来实现本国经济的内外均衡。

第三，我们上文中分析的溢出效应是在高度简化的前提下得出的。开放经济之间的相互依存性是非常复杂的，需要根据具体情况进行分析。

四、政策国际协调的基本概念

政策国际协调的含义有广义与狭义之分。从狭义上讲，政策国际协调是指各国在制定国内政策的过程中，通过各国间的磋商等方式来对某些宏观政策进行共同的设置。从广义上看，凡是在国际范围内能够对各国国内宏观政策产生一定程度制约的行为均可被视为政策国际协调。我们所说的国际政策协调是从广义而言的。依据进行政策协调的程度，政策国际协调可由低到高分为以下六个层次：信息交换、危机管理、避免共享目标变量的冲突、合作确定中介目标、部分协调、全面协调。

■ 案例再现 1

2016中国杭州G20峰会

20国集团（G20）是一个国际经济合作论坛，于1999年9月25日由八国集团（G8）的财长在德国柏林成立，于华盛顿举办了第一届G20峰会，属于世界主要经济体非正式对话的一种机制。由阿根廷、澳大利亚、巴西、加拿大、中国、法国、德国、印度、印度尼西亚、意大利、日本、韩国、墨西哥、俄罗斯、沙特阿拉伯、南非、土耳其、英国、美国以及欧盟等原八国集团以及其余12个重要经济体组成。

宗旨是为推动已工业化的发达国家和新兴市场国家之间就实质性问题进行开放及有建设性的讨论和研究，以寻求合作并促进国际金融稳定和经济的持续增长，按照以往惯例，国际货币基金组织与世界银行列席该组织的会议。20国集团成员涵盖面广，代表性强，该集团的GDP占全球经济的90%，贸易额占全球的80%，因此已取代G8成为全球经济合作的主要论坛。

2016年9月4日至5日G20领导人峰会在中国杭州举办。作为全世界规模最大、等级最高的全球经济合作论坛，G20早已不仅仅包括经济发展，也兼顾科技进步、劳动就业、社会民生、能源开发、民权女权等方面，吸引着全世界人民的目光。在最重要的经济合作上，G20也专门开展"二十国集团财长和央行行长会""二十国集团贸易部长会议声明""二十国集团民间社会会议"等专题，发表《二十国集团创新增长蓝图》《二十国集团全球贸易增长战略》等重要的国际经济发展协议，深刻影响到世界经济的发展。[1]

---

[1] 资料来源：(1) 习近平出席 G20 峰会开幕式并致辞.人民网，2018-08-16.
(2) 解读 20 国集团.京华时报，2014-11-16.

■ **案例解析**

政策国际协调的收益在于避免独立、分散决策带来的低效率，它的成本则是各国因政策协调而丧失一定的政策自主性。因此，政策国际协调的中心问题在于如何在避免破坏性限制的情况下获取开放性给经济带来的多方面的利益，同时为每个国家保留最大限度地追求其合理经济目标的自由。

■ **案例启示**

在传统分析框架下，我们一直假定本国的各项政策均对外国没有影响，这一假定并不符合现实情况。在开放经济下，各国经济存在着紧密的相互依存性，一国实现内外均衡目标的国内政策会对别国产生影响，从而引起别国的反应，这种反应反过来又影响本国经济。这种相互影响在一定程度上制约着一国实现内外均衡目标的努力，降低本国经济政策的效果，因此各国对国内政策进行国际协调是非常必要的。实现内外均衡目标的政策国际协调问题是国际金融学的一个重要组成部分。为促进各国政策更好地协调，国际上存在G20、APEC、达沃斯论坛等众多协调机制。

■ **案例再现 2**

美国量化宽松政策的退出及其影响

资料一：北京时间周四（2013年12月19日）凌晨三点，美联储在年内最后一次利率决议中宣布，将每月850亿美元的购债规模缩减100亿美元至每月750亿美元。美联储筹备了大半年的缩减QE之旅,终于在2013年的最后时刻,正式启航。[①]

资料二:美联储2015年12月启动2008年金融危机以来的首次加息,开始缓慢的货币政策正常化进程。此后,美联储在2016年12月、2017年3月和6月三次加息,2017年10月开始缩减资产负债表。[②]

资料三:克里斯纳姆塞和维辛·约根森(Krishnamurthy & Vissing-Jorgensen,2011)采用事件研究的方法,选取长期国债收益率、机构债券收益率、机构抵押贷款支持债券收益率、公司债券收益率、信用违约掉期(CDs)等若干金融变量,然后分析美联储前两轮量化宽松政策对这些金融变量的影响,结果发现:(1)第一轮量化宽松政策使得长期国债、机构抵押贷款支持债券等金融资产的收益率大幅下降(这一发现与加尼翁等的研究结论一致),而第二轮量化宽松政策只使得长期国债等金融资产的收益率小幅下降;(2)当美联储购买抵押贷款支持债券时,该类金融资产的收益率会出现大幅下降;(3)第一轮量化宽松政策使得公司债券的违约风险溢价下降并进而使得公司债券的收益率下降;(4)前两轮量化宽松政策提高了人们的通胀预期,这使得实际利率水平出现了更大幅度的下降。

……

总之,相关研究大多认为,美国量化宽松政策显著降低了长期债券的收益率,稳定了全球金融市场,与此同时,该政策也促使资本和信贷向经济快速增长的新兴市场国家流动,推高了这些国家的资产价格水平,使得这些国家普遍面临汇率升值和通货膨胀的压力。而关于该政策是否经由推高国际大宗商品价格这一渠道影响到新兴市场国家的通货膨

---

① 资料来源:汇通网.QE 缩减之旅正式启航　美联储年末完美收官 [OL].东方财富网,
　　2013-12-19.

② 资料来源:新华社.2017年第三次加息　美联储宣布加息 25 个基点 [OL].网易新闻,
　　2017-12-14.

胀水平，不同的研究给出的答案也不尽相同。①

■ **案例解析**

量化宽松政策本质是货币政策，指在一国利率水平处于零利率或近似零利率情况下，央行通过大规模地购买债券而将本币投入市场，从而提高货币供给进而造成一系列的影响。美国自2008年次贷危机开始实行长期的量化宽松政策，至2013年缩减第四轮量化宽松政策（Quantitative Easing，QE），至2015年、2016年、2017年三年间缓慢加息。

量化宽松可以理解为一种"印钞"行为，本书前几章就详细讨论过扩张性货币政策的利弊与影响。但是，美国的情况不符合一般假设。最为突出的一点在于美国的经常账户赤字没有实质上的影响，在国际收支上美国几乎处于不败之地。这是由美元本身的特征决定的。即使脱离了布雷顿森林体系，美元仍旧是世界上流通性最强的国际货币，出口给美国商品的出口商获得美元之后，只有很少一部分美元用于购买美国的商品回到美国，而大部分被用于国际流通变成其他国家的"外汇储备"。

美国的量化宽松政策持续近十年，最开始的目的在于解决次贷危机所带来的金融市场崩溃。但其后随着时间的推移，量化宽松政策又被赋予了加快经济复苏、降低失业率等更多使命。美联储实施此政策已经经历了QE1、QE2、QE3、QE4四个阶段，不同的阶段也有不同的影响。但总体而言达到了降低美国债券市场的利率水平、提振股市的目的。

必须指出，量化宽松政策的前提是利率水平保持接近于零，政策本身是一种应对极端情况的极端策略。随着美国经济复苏，就业率有所

① 资料来源：李自磊.美国量化宽松政策的理论基础、影响及其应对策略研究[M].北京：经济科学出版社，2017.

回升，高通货膨胀率又成为美国的主要经济困境。为抑制通货膨胀，美联储必须加息提高名义利率，稳定金融市场。

而更为重要的是，美国量化宽松政策在国际经济方面带来了巨大的溢出效应。在次贷危机爆发之后，世界各国的经济都受到了波及，很多国家也对美国最初的量化宽松政策抱有怀疑态度，甚至非常抵制——大规模的美元流出会对世界各国的经济产生冲击，美元贬值使各国货币升值，会带来一系列的问题。

但是随着量化宽松政策的持续影响，各国又切实受到了量化宽松政策的好处——美国债券市场利率水平下降，大量资本流出美国，刺激了世界范围的投资活动。同时导致各国债券市场利率水平也随之下降（利率机制），股票市场欣欣向荣。所以当2017年末美联储即将退出QE政策后，世界各国又怀有反对态度。

简单来说，通过诸如利率机制等复杂的交叉影响，美国的量化宽松政策影响了世界各国的经济。而各国的态度也从抵制到欢迎再到政策退出时的忧虑。

■ 案例启示

尽管政策国际协调存在种种益处，但在是否应实行政策国际协调这一问题上仍存在争议。这是因为政策协调的收益并不是非常显著或确定的。并且，政策国际协调的性质是各国政府间的政策协商，甚至是讨价还价，面临着一些难以逾越的障碍。以量化宽松政策为例，美国在实施量化宽松政策之初，国际社会普遍担心货币泛滥带来的弊端，而表示反对美国该政策的实施，但美国仍然实施了量化宽松政策。美国量化宽松政策对世界其他国家产生了重要影响，以至于在美国计划退出量化宽松政策的时候，世界各国又再度表示紧张。

第二节　国际货币体系

一、金本位制

（一）国际金本位制简介

国际金本位制是指以黄金作为本位货币的一种制度，是历史上第一个国际货币体系。在19世纪80年代，世界上主要的资本主义国家都先后在国内实行了金本位制，从而形成了国际金本位制。

国际金本位制的特点是：黄金自由输出入、金币可以自由铸造、金币自由兑换。金币的自由输出入，保证了各国货币之间的比价相对稳定；金币的自由兑换，保证了黄金与其他代表黄金流通的金属铸币和银行券之间的比价相对稳定；金币的自由铸造或熔化，则具有调节市面上货币流通量的作用，因而保证了各国物价水平的相对稳定。因此，国际金本位制是一种比较稳定的货币制度。

（二）物价—现金流动机制——金本位制下内外均衡的实现机制

在国际金本位制下，内外均衡目标可以在政府不对经济进行干预的条件下，通过经济的自动调节机制而实现。这一自动调节机制就是英国经济学家大卫·休谟(D.Hume)最早提出的"物价—现金流动机制"
（见图9-1）。

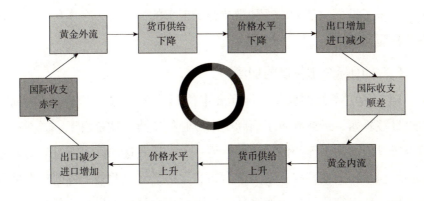

图 9-1　物价—现金流动机制

从上述分析可以看出，国际金本位制下的内外均衡实现机制具有
如下特点：自发性、对称性、稳定性。

但是，国际金本位制下的内外均衡实现机制也有着很大的局限
性，这体现在以下几方面：

第一，它要求各国政府严格按照金本位制的要求实施货币政策。
在这里政府不需要对经济进行干预。如进行干预，也应以加速国际收支
恢复平衡为目的。但是，如果各国不遵守这一规则，则自动调节机制就
将难以发挥效力。

第二，当商品价格不具有完全弹性时，这一机制常常会破坏内部
均衡。一是物价—现金流动机制是建立在一系列前提下的，即政府严格
按金本位制的要求实施货币政策，保持黄金的自由兑换、自由铸造、自
由输出入，当国际收支因素带来黄金储备变动进而影响货币供给时，不
得采取冲销措施。二是不存在国际资金流动。三是商品价格具有完全弹
性。如果商品价格不具有完全弹性时，物价—现金流动机制将难以发挥
作用。

第三，要求世界黄金产量能满足经济发展对货币供给量的需要。由于货币供给数量的增长依赖于黄金数量的增长，当世界黄金产量的增长满足不了世界经济的增长和维持稳定汇率的需要时，金本位制就会显得非常脆弱。

（三）国际金本位制的崩溃

随着历史条件的变化，国际金本位制下内外均衡实现机制的局限性也日益暴露，最终导致了国际金本位制的崩溃。这是由于一方面世界黄金产量跟不上世界经济的增长，另一方面较发达的国家通过贸易顺差的持续积累和其他特权，使黄金分布非常不平衡。此外，各国越来越多地干预经济运行，且各国越来越重视内部均衡目标，导致国际金本位制的可信性大大下降了。

在国际金本位制的可信性下降的情况下，国际资金流动这一原本对金本位制的维持发挥着积极影响的因素，日益演变为破坏金本位制稳定的威胁。这是因为，在一国国际收支出现逆差时，由于担心政府会无法维系金平价而将本币贬值，因此不仅不会有大量资金流入，而是相反出现严重的资本外逃，这样国际资金流动就进一步恶化了一国的国际收支，由稳定性投机而变为不稳定性投机。在这种情况下，维持国际金本位制更加困难了。

于是，当1929—1933年资本主义大危机到来时，在国际资金流动的冲击下，各国纷纷放弃了金本位制，国际金本位制便彻底崩溃了。

从对国际金本位制的分析中可以看出，国际金本位制对实现内外均衡所作的制度安排，是建立在特定的历史条件下的。这一特定的历史条件就是：内外均衡的实现有其物质基础——世界黄金产量符合要求；内外均衡的实现主要通过经济自发调整，政府不进行干预内部均衡问题被忽视，外部均衡的实现可以以牺牲内部均衡为代价。当这些条件不具备时，国际金本位制退出历史舞台也就是必然的了。

二、布雷顿森林体系

（一）布雷顿森林体系的主要内容

布雷顿森林体系的主要内容可以概括为如下三个方面：

第一，建立一个永久性的国际金融机构，即国际货币基金组织，以促进政策国际协调。

第二，实行以黄金—美元为基础的、可调整的固定汇率制。在这个体系下，规定美元按等于1盎司黄金与黄金保持固定比价，各国政府可随时用美元向美国政府按这一比价兑换黄金。各国货币则与美元保持可调整的固定比价，称为可调整的盯住汇率。布雷顿森林体系的上述内容又被称为"双挂钩"，即美元与黄金挂钩，各国货币与美元挂钩。

第三，取消对经常账户交易的外汇管制，但对国际资金流动加以限制。在金本位崩溃后，各国都实施了严厉的外汇管制政策，严重阻碍了国际经济交流。为改变此情况，布雷顿森林体系要求各国开放对经常账户的管制，但为打击国际投机允许各国进行国际资金流动限制。

（二）布雷顿森林体系的特点

从以上的介绍中可以看出，布雷顿森林体系的根本特点在于美元成为一种世界货币，因为它不仅作为美国本国的货币，更成为储备货币和国际清偿力的主要来源。美元的这种特殊地位反映了布雷顿森林体系建立的历史条件。

（三）布雷顿森林体系的崩溃

布雷顿森林体系具有不可调和的内在矛盾，特里芬教授指出，布雷顿森林体系下美国与其他国家的外部均衡目标是完全不同的。美国的外部均衡目标——保证美元与黄金之间的固定比价和可兑换，这要求美国控制美元向境外输出——与其他国家的外部均衡目标——尽可能地积累美元储备，这就要求美元大量向境外输出——存在着不可调和的矛盾，这种矛盾使得美元处于一种进退两难的状况中。为了满足世界各国发展经济的需要，美元供应必须不断增长；而美元供应的不断增长，使美元同黄金的兑换性日益难以维持。这被称为特里芬两难。正是布雷顿森林体系在实现内外均衡的制度安排上的缺陷导致了其最终崩溃。

三、牙买加体系

（一）牙买加体系的主要内容

牙买加体系对布雷顿森林体系进行了继承与修改。一方面，它继承了布雷顿森林体系下的国际货币基金组织，并且，国际货币基金组织的作用还得到了加强。另一方面，它放弃了布雷顿森林体系下的双挂钩制度。《牙买加协议》的主要内容为：

第一，汇率安排多样化。

第二，黄金非货币化。

第三，扩大特别提款权的作用。

第四，扩大国际货币基金组织的份额。

第五，增加对发展中国家的资金融通数量和限额。

（二）牙买加体系的特点

从牙买加体系运行的表现来看，其作为代替布雷顿森林体系的国际协调制度符合了历史条件的需要。但同时因时事变换，世界经济形势日益复杂，牙买加体系的缺陷也逐渐暴露，对国际货币体系改革的呼声也愈演愈烈。

■ **案例再现**

人民币加入SDR

资料一：2015年11月30日，国际货币基金组织执董会决定将人民币纳入特别提款权（SDR）货币篮子。由于这是历史上第一次增加SDR篮子货币，为给SDR使用者预留充裕时间做好会计和交易的准备工作，新的SDR篮子生效时间被定为2016年10月1日。

人民币正式入篮SDR后，各国央行持有的人民币资产被IMF承认为外汇储备。IMF会相应地修改外汇储备币种构成统计调查的统计报表，将人民币纳入统计。人民币还成为国际货币基金组织的交易货币，向国际货币基金组织缴纳份额、国际货币基金组织向成员国提供贷款、成员国向国际货币基金组织还款以及国际货币基金组织向成员国支付利息等在内的国际货币基金组织官方交易均可使用人民币进行。[1]

资料二：早在2010年，国际货币基金组织就曾对人民币"入篮"的可行性进行评估。自那以后，中国采取了一系列措施加快人民币国际化进程。今年以来，中国出台一系列措施加快人民币市场化进程，其中包括公布外汇储备货币构成、向外国央行等开放银行间债券市场和外汇市场、完善人民币汇率中间价报价机制、采纳国际货币基金组织数据公布特殊标准等。这些举措不仅为人民币"入篮"扫除了技术性障碍，也向国际社会释放了中国坚定金融改革、开放资本市场的积极信号，得到国际机构和投资者的赞许。[2]

---

[1] 资料来源：人民币交易与研究公众号.央行：人民币纳入SDR 国际货币体系改革的一大步 [OL]. 新浪财经，2016–11–10.

[2] 资料来源：刘劼.IMF 批准人民币加入特别提款权货币篮子 [OL]. 新华网，2015–12–01.

■ **案例解析**

　　自布雷顿森林体系建立以来，国际货币基金组织就作为世界最大的国际金融机构之一而活跃于世界舞台，为世界各国提供短期贷款以缓解经常账户的逆差。在布雷顿森林体系下，美元是作为唯一与黄金挂钩的货币，所以在国际货币基金组织成立的前期以美元作为贷款结算货币已然足够。但随着布雷顿森林体系的崩溃，世界各国开始实行本币直接与黄金挂钩的牙买加体系，仅以美元作为资金援助并不能完全解决一国赤字问题。

　　所以，SDR——特别提款权（Special Drawing Right）应运而生，其也有"纸黄金"的美誉，是国际货币基金组织根据成员国认缴的份额分配的，可用于偿还国际货币基金组织债务、弥补成员国政府之间国际收支逆差的一种账面资产。其价值目前由美元、欧元、人民币、日元和英镑组成的一篮子储备货币决定。成员国在发生国际收支逆差时，可用它向国际货币基金组织指定的其他成员国换取外汇，以偿付国际收支逆差或偿还国际货币基金组织的贷款，还可与黄金、自由兑换货币一样充当国际储备。因为它是国际货币基金组织原有的普通提款权以外的一种补充，所以称为特别提款权。

　　中国的经济发展自改革开放以来取得了丰厚成果，年货物贸易出口额保持着高速提升，在国际贸易中的地位也有很大进步。但长久以来人民币并没有作为世界主要结算货币被国际货币基金组织认可，经过艰难谈判，直至2016年才终于得以加入SDR。

■ **案例启示**

　　人民币"入篮"象征着世界各国对中国在国际贸易上的认可，也是人民币走向国际化的重要节点。我国经济在近几十年来保持高速发展，取得很大进步，但在国际上并未取得相对应的地位提升。即使在加入世贸组织后，中国商品出口海外仍被很多国家加以限制，如欧盟、瑞典、美国等多个经济体都曾通过反倾销调查或提高市场准入标准等手段限制我国出口，美国也一直指责中国为"汇率操纵国"。另外，人民币作为中国的官方货币，也并不作为国际结算货币被国际社会认可。即使中国在进出口方面取得很大成就，中国的旅客资源走遍全球，人民币都还不能作为一种国际化货币，这也限制了中国在海外经济业务的扩展。

但随着人民币不断地走向世界，进出口贸易的长足发展，"一带一路"经济带的建设，大量的人民币资本走向海外。这不但给世界经济带来活力，也提高了人民币的国际地位，促进了人民币国际化。随着中国经济的不断发展，人民币的国际化进程也会日益加快，成为国际结算货币的目标也不再遥远。

第三节　区域经济合作

■ 知识点串讲

一、货币一体化的层次

根据区域内各国货币合作的程度，可将货币一体化分成三个层次。一是区域货币合作，指有关国家在货币问题上实行的协商协调乃至共同行动，它在合作形式、时间和内容等方面都有较大的选择余地。二

是区域货币同盟，这是区域货币合作形式的深入发展，指根据法律文件
（共同遵守的国际协议）就货币金融某些重大问题进行的合作。三是通
货区，它是货币一体化的一种高级表现形式，其特征是成员国货币之间
的名义比价相对固定，由一种占主导地位的货币作为各国货币汇率的共
同基础，主导货币与成员国货币相互间可充分地自由兑换，存在一个协
调和管理机构，成员国的货币政策主权被削弱。

二、最适度通货区理论

与货币一体化直接相关的理论是最适度通货区理论，最早见于对
固定汇率安排和浮动汇率安排的争论中，其内容主要是结合某种经济特
征来判断汇率安排的优劣，并说明何种情况下实行固定汇率安排和货币
同盟或货币一体化是最佳的。

最适度通货区的单一指标法是基础的分析方法，也就是利用单一
指标进行分析。这种方法在理论界有很大的争议，各方的分歧主要在于
确定最适度通货区标准的不同。主要包括：要素流动性分析、经济开放
性分析、低程度的产品多样性分析、国际金融一体化程度分析、政策一
体化程度分析、通货膨胀率相似性分析。

虽然所有这些指标都从一个角度或多或少地反映出国际经济形势
的客观变化，但却无法对区域性货币合作做出圆满的理论解释与说明。
例如，以国际货币基金组织1970—1980年的统计数据考察实行货币一体
化的欧洲经济共同体和未实行货币一体化的东南亚国家联盟可以发现，
上述6项标准中没有一项可以就为何欧洲经济共同体实行货币一体化而
东南亚国家联盟却没有实行货币一体化的问题做出单独而圆满的解释。
但是，若把这6项标准综合起来，却能对该问题做出较为圆满的说明。
由此，形成了最适度通货区的综合分析法。主要包括：经济全球化与固
定汇率区的收益分析、经济全球化与固定汇率区的成本分析、是否加入
通货区的决策。

■ **案例再现**

英国脱欧的分析

　　资料一：据英国广播公司（BBC）报道，当地时间2016年6月24日，英国"脱欧"公投计票工作全部结束，结果显示，脱欧阵营以52%的得票率获胜，意味着英国将脱离欧盟。

　　BBC对全部382个计票点的统计显示，52%的选民支持脱欧，48%的人选择留欧。脱欧派共获得17 176 006票，超过任何一派取得公投胜利所需要获得的16 813 000票。留欧派得票为15 952 444票。[①]

　　资料二：从某些方面来看，全民公投所产生的即时灾难性影响和那些希望留在欧盟的人们所宣称的一样糟糕。正如我们所看到的，英镑在4天之内下跌了将近11个百分点，达到30年以来的最低值，并且直到2017年4月也仍然比英国脱欧之前要低14个百分点。股票市场急剧崩盘。评级机构下调了对英国债券的评级。但是和"贸易和经济一体化对双方都是有利的"这一观点一致的是，欧元兑美元的汇率也下降了，欧洲的股票市场也下跌了。就像在2008年一样，存在一个"直达安全的航班"，德国和美国的利率都降低至5年以来的最低点。

　　令人惊讶的是，英国在经济方面表现非常优秀：在2016年的最后一个季度，英国的年增长率为2.28%，这比第一个季度的1.61%还要快。解释很简单：汇率的急剧下降促进了英国的出口限制了英国的进口。[②]

---

① 资料来源：王晓易. 英国公投全部计票结束　脱欧阵营以51.9%得票率获胜 [OL]. 中国网，2016-06-24.

② 资料来源：约瑟夫·E.斯蒂格利茨著. 蔡笑，于晓潭，冯睿译. 欧元危机——共同货币阴影下的欧洲 [M]. 北京：机械工业出版社，2018.

■ **案例解析**

在世界经济尤其是区域经济一体化发展的大背景下，从20世纪60年代起，货币一体化开始成为国际金融界的一个研究热点，并在部分国家和地区出现尝试性实践，其中尤以欧洲联盟（欧洲经济共同体为其前身）内的货币一体化进程最引人注目。

欧元，作为当今世界最成功的货币一体化案例，一直被全世界的经济学家所研究与关注。但因各种各样的原因，欧元的前景并不是一直光明，甚至很多经济学家都不看好欧元的前景。在欧盟当前的28个成员国之中，有经济繁荣增长喜人的德国，有结构僵化腐败丛生的西班牙，也有债务累累不堪重负的希腊。长期以来，德国为首的繁荣国家一直在向希腊等较为衰退贫困的国家发放贷款提供援助，英国也曾是其中之一。

而英国的情况有很大不同。在欧元诞生之前，欧洲货币体系是欧盟成员国进行货币兑换的依据。而在1992年欧洲货币危机爆发，由于英国经济不景气，英镑被投资者看空，英国被迫退出欧洲货币体系。2002年欧元成立也没有使英镑退出历史舞台，英国并未加入欧元区。

英镑的保留固然有很多因素影响，但英国的脱欧不可避免地对英镑和对欧元都是一个打击。人们开始怀疑英国能否经受住脱欧的考验，也对欧元区的经济现状表示担忧。

从长远看，英国脱欧之后将独自面对欧洲，美国与世界，不再作为欧盟成员国参与欧洲和世界事务，其国际地位和影响将大打折扣。在贸易方面，欧洲也是英国重要的出口方，有一半贸易额都来自其他欧洲国家。若脱欧谈判不能达成和解，未能争取到足够优厚的贸易条件，英国与欧洲贸易难以维持原状。在金融方面，脱欧后如果大量投资从英国撤出，伦敦国际金融中心及资金避风港的地位将受到打击，经济前景或进一步转差。

■ 案例启示

　　本质上，英国并非欧元区的一部分，英国脱欧也不会直接使欧元区缩水。但英国脱欧反映的问题却在于欧元的前景堪忧。作为当今世界最成功的区域货币一体化案例，欧元的成立毫无疑问地推进了欧元区经济的增长，加强了其中各经济体之间的经济交流与合作，为欧元区国家带来了很多好处。另外，欧元区各国经济发展速度不均，债务问题严重，各国无法针对本国经济状况制定相应的货币政策，这也是欧元区的隐患所在。随着时间不断推移，欧盟各国都对一体化货币颇多微词：经济增长快速的国家要为其他落后的成员埋单，而经济不景气的国家陷入债务与衰退的泥潭，在经济和政治上都受到制约。各国的矛盾逐渐加深，欧元的问题逐渐暴露。

　　欧盟的管理也存在着问题，如管理僵化、效率低下、影响力不足等。但就欧元的表现，仍有很多经济学家都不再看好其前景。英国脱欧后，欧元是会迎接调整，面临挑战，还是走向崩溃现在无法预料，但对于最适度通货区理论而言，建立一个完善的管理制度，加强各成员的沟通合作等都是从欧元之中能学到的宝贵经验。